생각하는 인간은
기억하지 않는다

Original Japanese title: DOWASURE WO CHANCE NI KAERU OMOIDASU CHIKARA
Copyright © 2019 Kenichiro Mogi
Japanese paperback edition published by KAWADE SHOBO SHINSHA Ltd. Publishers
Korean translation rights arranged with KAWADE SHOBO SHINSHA Ltd. Publishers
through The English Agency (Japan) Ltd. and Duran Kim Agency

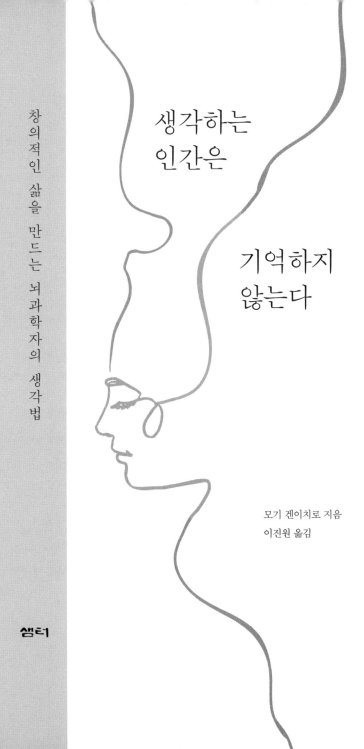

생각하는
인간은

기억하지
않는다

창의적인 삶을 만드는 뇌과학자의 생각법

모기 겐이치로 지음
이진원 옮김

샘터

○

시작하는 글

현대인들 대부분은 '기억'에 불안감을 느끼며 살아간다. 사춘기에는 학교에서 다양한 시험을 통과해야 하고 청년기와 중·장년기에는 회사에서 업무 성취에 대한 기대에 부응해야 하는 등 항상 기억력을 시험받는다. 그리고 고령이 되면 기억력에 문제가 생기는 알츠하이머병 같은 질환에 걸리기도 한다. 이처럼 많은 사람이 기억에 관해 걱정하느라 스트레스를 받는 오늘날, 우리는 어떻게 기억해야 행복하게 살 수 있을까?

문제는 뇌를 편협하게 사용하는 데 있다. 인생은 누구에게나 한 번만 주어지기 때문에 지금 자신이 지닌 신체와 두뇌의 모든 기능을 최대한 활용해야 한다. 그런데 사람마다 뇌를 다르게 사용할 뿐만 아니라 저마다 버릇이 있어 항상 특정 회로를 정해진 패턴으로 작동하는 경향이 있다.

예컨대 기억에는 '저장하기(기억하기)', '보존하기', '출력하기(생각해 내기)'라는 세 과정이 있다. 당신은 이 과정들을 골고루 사용하고 있는가? 저장과 보존에 무게를 두고 출력에는 소홀히 하고 있지 않은가?

뇌 속에는 디폴트 모드 네트워크Default Mode Network, DMN라 불리는 회로가 있다. 젊었을 때 가장 활발하게 작동하다가 나이가 들면서 기능이 점차 떨어진다. 알츠하이머병에 걸릴 경우 현저하게 악화된다고 알려져 있는 이 회로의 기능은 바로 '기억의 정리'다.

어린 시절을 떠올려보자. 밤이면 그날 일어났던 일들이 머릿속에 떠올라 부모님께 이야기를 마구 쏟아내느라 좀처럼 잠을 못 이루지 않았는가? 사춘기 무렵에도 '그 사람이 이런 말을 했어', '오늘은 이런 일이 있었지' 하고 통학버스 안이나 잠자리 이불 속에서 계속해서 생각나 한숨을 쉰 적이 있지 않은가?

이와 같이 젊을 때는 생활 곳곳에서 '떠올리는' 시간을 가진다. 하지만 나이를 먹으면 어느새 이것저것 고민하지 않아도 많은 일을 큰 어려움 없이 할 수 있다. 그리고 매일 꽉 짜인 일정 속에서 하루가 무탈하게 끝나기를 바라며 조금이라도 빨리 이불 속으로 들어가고 싶어 한다.

인생의 방침이 정해지고 새로운 일에 도전하지 않으면, 많은 일을 떠올리며 고민하던 회로는 거의 작동하지 않게 된다. 고민이 많은 상태는 젊음과 에너지 넘치는 존재의 상징일 수 있다.

우리 인간은 나이 들면서 많은 경험이 뇌 속에 축적된다. 그 방대한 기억을 하나하나 선명하게 떠올리면서 고민하지 않고 매일 같은 과제를 착실하게 해내는 삶은 좋을 수 있다. 귀찮은 과거는 기억하지 않는 게 살기에 더 편하고 '가능하면 고민 따위는 안 하며 살고 싶다'라고 생각할 수도 있다.

하지만 이런 생각은 젊음과 삶의 에너지를 잃어버리게 하고, 행복을 추구하는 데 방해가 될 수 있다. '생각해 내는' 회로를 사용하지 않으면 점점 기억력에 문제가 생긴다. 기억을 떠올리는 일은 의식적으로 그리고 스스로 해야 하는 일이다. '귀찮다', '필요 없다'고 단정 짓고 하지 않는 일들을 다시 생각해 볼 필요가 있다.

사실 생각해 내기는 매우 창조적인 일이다. 어떤 상황이나 사물을 단순히 받아들이기만 했을 때 그것은 '정보'에 불과하다. 하지만 그 정보를 여러 번 생각해 내고 실제 생활에서 유용하게 사용할 때 정보는 '지혜'로 바뀐다.

우리는 인터넷 덕에 재미있는 수많은 정보를 공짜로 얻을 수 있다. 현대는 머릿속에 정보를 입력하는 데 부족함이 없는 시대다. 하지만 반대로, 입력한 양과 같은 정도의 결과물을 내는 경우는 많지 않다.

받아들이기만을 중시하면 기억의 세 과정에서 저장과 보존에 관련된 두 가지 기능밖에 활용할 수 없다. 이는 매우 안타까운 일이다. 정보를 있는 그대로 받아들이기만 하면 우리의 뇌는 단순히 기억하는 뇌에 머무른다. 지식 정보가 넘쳐나는 시대에 한계가 드러나는 것이다. 인공지능AI이 본격적으로 보급되는 미래에는 입력만 해서는 살아남기가 어렵다.

단순히 '기억하는 뇌'

• 기억하고 보존하는 일이 주체다.

• 외부 정보를 단순히 축적한다.

• 사물을 표층적으로 본다.

• 쉽게 스트레스를 받는다.

• 성공 체험을 추구한다.

• 고정관념에 사로잡힌다.

- 창의적인 일에 서툴다.

- 잊어버려도 생각해 내려고 하지 않는다.

- 안 좋은 일을 계속 떠올린다.

- 하고 싶은 일이 있어도 어려우면 포기해 버린다.

- 다른 사람이 가르쳐주는 대로 배운다.

- 답을 자기 자신이 아닌 외부에서 찾는다.

인간이 인공지능을 이길 수 없는 건 아니다. 우리는 인공지능이 못 하는 일을 할 수 있고, 나아가 우리 개개인이 특별하게 할 수 있는 일을 해야 한다. 이를 가능하게 하는 게 바로 이 책의 주제인 '생각해 내는 힘'이다.

이 책은 앞으로 다가올 시대에 필요한 뇌 사용법을 제시한다. '생각해 내는' 뇌의 회로를 사용해 생각을 떠올리는 것이다. 생각해 내는 힘을 최대한 활용하는 것이 새로운 시대를 살아가는 길이며, 뇌를 창조적으로 사용하는 방법이다.

새로운 시대에 필요한 '생각해 내는 뇌'

- 생각해 내기가 주체다.

- 축적된 정보를 지혜로 바꾼다.

- 사물을 여러 측면에서 바라본다.

- 쉽게 몰입한다.

- 새로운 경험을 추구한다.

- 모든 것을 가설로 간주한다.

- 창조를 지향한다.

- 잊어버리면 생각해 내려고 한다.

- 싫어하는 일을 의미 있는 일로 바꾼다.

- 하고 싶은 일이 있으면 어려워도 포기하지 않는다.

- 주체적으로 배운다.

- 답을 자기 안에서 찾는다.

생각해 내는 뇌는 우리를 성장시키고, 그 결과 인생을 충실하게 살 수 있다. 이 책을 통해 생각해 내는 힘에 관한 힌트를 얻을 수 있기를 바란다.

차례

5장 생각해 내는 힘이 창의성을 만든다

6장 생각해 내는 힘을 기르는 방법

뇌는 쉽게 집착한다

○
뇌의
장점과 단점

　　우리는 어떻게 커왔고 앞으로 어떻게 성장
해 나갈까? 초등학교 시절부터 우리는 특별히 의식하지 못한
채 학년주의를 강요받아 왔다. 5학년 다음에는 6학년, 그리고
중학교와 고등학교에 들어간 다음 또다시 대학교에 진학한다.
인생은 마치 컨베이어 벨트처럼 나이와 더불어 일정한 순서에
따라 앞으로 나아간다.
　이렇게 외부에서 주어지는 상황에 순응하다 보면 곤란한 일
이 생긴다. 55세 정도가 되면 회사 생활도 슬슬 끝을 향해가고

60세가 되면 정년을 맞아 재고용을 고민해야 한다. 그리고 아직 신체적으로 건강한데도 인생을 서서히 정리해야 한다는 생각에 기운이 빠진다.

정년과 관련해서는 대체로 60세에서 65세로 기준이 변하고 있다. 하지만 그 나이가 되었다고 갑자기 생물로서의 능력이 쇠퇴하지는 않는다. 만약 60대 후반에 신체적으로 쇠약해졌다고 느낀다면 그건 자신의 문제가 아니라 본인에 대한 사회나 회사의 대우 방식이 급격하게 달라졌기 때문이다.

실제로는 아직 일할 힘이 있는데도 정년이 되면 일할 능력을 상실하기라도 한 듯이 각종 사회제도로부터 제약을 받는다. 그러면 뇌는 '그렇단 말이지?' 하고 그 상황에 적응하면서 스스로 힘을 빼버린다.

뇌는 외부 환경이 강요하는 상황과 고정관념에 쉽게 집착하는 특성이 있다. 이를 순순히 따르다 보면 충분히 발휘할 수 있는 능력도 빛을 보지 못한 채 끝나버릴 수 있다.

아이들은 소꿉놀이나 공주놀이, 술래잡기를 할 때 무엇을 '흉내' 내며 상황에 맞게 순간적으로 역할을 바꾼다. 일종의 '역할 놀이'를 할 수 있다는 말인데, 이것 역시 뇌가 상황에 잘 적응한다는 증거다.

이런 특징 때문에 우리는 나와는 다른 사람의 입장에 설 수 있다. '이런 경우에는 이렇게 느끼기 마련이지', '이럴 때는 이렇게 하면 잘될 거야' 하고 다른 사람의 기분을 헤아리거나 다양한 삶의 방법을 배울 수 있다.

뇌는 상황에 맞춰 활동을 조절하는 능력이 뛰어나다. 그 능력을 통해 얻어지는 긍정적인 측면도 있지만 그 때문에 조정하지 않아도 될 것까지 과도하게 조정하는 부정적인 측면도 나타난다.

어떤 사람에게 '엄마'라는 역할이 주어지면 엄마'다워'지거나 회사원에게 어떤 직위가 부여되면 그 직위'답게' 행동하게된다. 이를 '성장'으로 볼 수도 있지만 그 '다움'에 집착하면 내면의 자유를 잃어버릴 수도 있다.

'엄마'와 '부장'에 완전히 동화되어 자기가 하고 싶었던 일들을 잊어버리면 그 전의 자신과의 연결 고리가 끊어진다. 오로지 한 개의 가면을 쓰고 자신의 능력을 발휘하지 못하는 상태로 살아가는 것이다. '다움'을 획득하려는 것은 뇌의 버릇이며, 이는 '장점'인 동시에 '단점'이다.

○
뇌는
관계에 약하다

우선 뇌의 균형에 관해서 생각해 보자. 현대인은 외부에서 많은 정보를 얻고, 다른 사람이 부여한 상황에 자신을 맞추는 데 매우 능숙하다. 그에 비해 자기 안에 있는 무엇을 생각해 내고 성장시키는 능력은 부족하다. 이들 능력을 균형적으로 발전시키기 위해서는 내면을 재정비해야 한다.

자신의 내면보다 외부 세계를 중요하게 여기는 사람이 있고 그렇지 않은 사람이 있다. 해부학자이자 나의 스승이기도 한 요로 다케시는 후자에 속한다. 그는 언젠가 '명함 한가운데에 크게 도쿄대학 교수라고 쓰고 직함을 새기는 위치에 작게 요로 다케시라고 쓰는 쪽이 낫지 않을까?'라고 말한 적이 있다. 명함을 건네면 직함만 보는 행위를 비꼬는 위트였다.

도쿄대학의 교수 외에도 많은 일과 취미가 있는 그에게 교수라는 지위는 큰 의미를 가지지 않는다. 그의 사상이 구체화된 《유뇌론》은 도쿄대학의 교수로서 쓴 책이 아닌데도 많은 사람이 책을 볼 때 그의 교수라는 직함에 주목한다.

당신은 직분이나 지위에 집착하지 않는가? 직위가 아닌 다른 요소를 채워나가고 있는가? 학교나 직장이 쉬는 날에는 무엇을 하며 지내는가? 최근에 가족과 놀러간 적이 있는가? 어떤 취미를 가지고 있는가? 얼마나 자주 친구를 만나는가? 중학교나 고등학교, 대학교 시절의 친구들과 연락을 하고 있는가?

먼저 스스로에게 이런 질문들을 해보고 주변을 살펴보자. 사람들은 의외로 많은 상황과 관계 속에 놓여 있다. 가족과 취미, 과거의 시간 속에서 각각 다른 관계가 있고 SNS 같은 곳에서는 회사에서와는 전혀 다른 인격으로 자신을 표현하는가 하면 누구와도 만나지 않는 혼자만의 시간도 있다.

당신은 모든 관계와 상황에 고르게 대응하고 있는가? 학교나 회사에서의 관계만을 중요하게 여기고 다른 환경은 소홀히 하고 있지 않은가?

만약 하나의 관계만을 중시한다면 그 관계가 사라졌을 때 받는 충격은 상상 이상으로 클 수밖에 없다. 회사의 직위만을 중시하면 일을 그만두었을 때 자신에게 남은 게 아무것도 없다는 생각이 들어 망연자실할 것이다.

하지만 가족과 취미, 친구가 있다면 또는 SNS에서 활동하고 있다면 인생은 두 배, 세 배, 네 배 더 즐거울 수 있다. 한 번의 좌절이나 변화에도 큰 충격을 받지는 않을 것이다. 한 관계가 사라졌을 때 큰 영향을 받는 건 다른 관계가 존재하지 않기 때문이다. 관계나 상황이 여럿일수록 그 영향력은 전체에서 일부분만 차지한다.

아직 사용하지 않았거나 빛을 발하지 못한 관계나 상황을 발견해 힘을 고르게 쏟아보자. 스트레스에 강해지거나 행복도가 높아질 수 있다.

o
'다움'에서의
탈출

　　앞으로는 남자다움, 여자다움 등 온갖 '다움'
을 걷어내는 시대가 될 것이다. 아직까지는 우리가 무의식중에
걸치는 '다움'이 많다. 그중 하나가 '나이'다.

　사람들은 열 살을 기준으로 나누는 10대, 20대라는 세대 구
분에 어떤 의미가 있다고 생각한다. 영어권에서도 20twenties,
30thirties, 40forties과 같이 십진법으로 구분하는 습관이 있다.

　열 살마다 뭔가 달라진다는 데는 근거가 있을까? 현대인은
십진법에 익숙하기 때문에 보통 나이를 10, 20, 30, 40, 50 같

은 단위로 나누지만 자연수에는 이와 같은 방식의 구분이 없다. 이진법으로 구분하는 경우 16세 다음은 34세이고 그다음은 64세가 되는데, 이런 방식을 사용해도 좋았을 것이다.

특히 많은 여성이 '20대 안에' 또는 '30대 안에' 결혼해야 한다는 압박감을 느낀다. 하지만 이 구분도 십진법에 의한 것일 뿐이고 20과 30이라는 숫자에는 의미가 없다. 미성년자와 성인을 구분하는 나이 역시 20세인 나라도 있지만 18세인 나라도 있다. 20이라는 숫자에 무게를 둘 특별한 이유가 없다는 말이다.

우리는 '아직 몇 살이기 때문에', '이제 몇 살이기 때문에' 할 수 없다거나 저 사람은 '같은 세대'이기 때문에 사귀기 쉽다, 세대가 달라 사귀기 힘들다는 식의 고정관념에 사로잡혀 능력이나 인물을 나이로 판단하는 경향이 있다. 이를 '연령 차별 Ageism'이라고 한다.

연령 차별은 남녀 차별과 마찬가지로 철폐해야 하는 심각한 차별이다. 실제로 인터넷상에서는 사용자가 몇 살인지에 관해 아무도 신경 쓰지 않는다. 초등학생이 소설을 써서 발표하고 할머니가 애플리케이션을 개발한다.

인터넷은 자기가 좋아하는 대상에 열정을 불태울 수 있는 곳이다. 발언 기회도 누구에게나 있다. 어린이도, 나이 든 사람도 발표할 수 있고 간단히 할 수 있다. 세계는 나이가 상관없는 세상으로 변하고 있고, 우리는 '나이와 상관없는ageless' 세계로 나아가지 않으면 안 된다.

◦
인생의 과제를
즐겁게

현재 나는 쉰 살이 넘었다. 하지만 언제까지
나 다섯 살 어린아이로 살아갈 생각이다. 이를 위해 나는 아침
부터 저녁까지 줄곧 '몰입flow' 속에서 살고 있다.

이 '몰입'은 미국의 심리학자 미하이 칙센트미하이가 정의한
개념으로, 모든 '과제'마다 고도의 집중력을 발휘하는 심리 상
태를 말한다. 다섯 살 아이는 무엇을 해도 신선하게 느끼고 깊
이 빠져들어 싫증을 내지 않는다. 온종일 몰입 속에서 산다고
도 할 수 있다.

몰입을 하면 그 과제와 하나가 되어 시간의 흐름도, 자신의 존재도 잊은 채 최대한 즐길 수 있다. 물론 이런 상태를 지속한다는 게 한 가지 일만 계속한다는 의미는 아니다. 한 과제에 싫증이 나면 다른 일을 시작하거나 달리기를 하거나 사람을 만나거나 음식을 먹는 등 어떤 과제를 하든 하루 종일 시간을 잊고 즐긴다는 뜻이다.

먹고 자는 행위를 포함해 우리 인간이 어차피 해야 할 일이라면 무엇이든 즐겁고 의미 있는 시간으로 만들려고 노력해야 한다. 학교나 직장에서 주어지는 어려운 임무만을 '과제'로 보지 않고 인생의 모든 일을 '과제'로 생각한다면 누구나 여러 상황과 다양한 환경 속에서 살아갈 수 있다.

시험에 합격하는 일도 과제이지만 친구나 가족과의 시간을 충분히 갖는 일도, 밥을 맛있게 먹는 일도 그리고 잠을 잘 자는 일도 '과제'다. 한 가지 과제가 질리면 다음 과제로 넘어가 끊임없이 새롭고 즐거운 시간을 이어갈 수 있다.

다섯 살 어린아이의 삶을 살고 있는 나에게도 틀에 박힌 '꼰대' 시절이 있었다. 오히려 젊었을 때 더욱 그랬다. 대학생은 대학생다워야 하고, 박사학위를 받은 다음에는 그에 걸맞은 행동을 해야 한다고 생각했다.

아주 어린 시절에는 나비를 쫓아다니며 나비 연구에 몰두하기도 하고 책 읽기에 흠뻑 빠져 사는 등 몰입 속에서 살았다. 하지만 나이 들면서 어른들의 나쁜 영향을 받아 '다움'에 집착하기 시작했다. 도쿄대학에 다닌다고 엘리트주의에 빠져서는 거들먹거리기도 했다. 나의 뇌가 그 상황에 지나치게 적응하고 반응한 것이다.

지금의 나이는 문제가 되지 않는다. 젊어도 '꼰대'가 될 수 있다. 반면에 '꼰대'였던 사람도 다섯 살 아이로 되돌아갈 수 있다. 생각을 전환하면 누구나 다섯 살 아이가 될 수 있는 것이다.

○
우리를 불행하게 만드는
연령 차별

'계속 다섯 살 아이로 살 수는 없다. 그렇게 살 수 있는 사람은 아마도 특별한 사람이다'라고 생각하는 사람이 분명히 있을 것이다. 왜 우리는 나이에 집착할까? 연령 차별은 왜 발생할까? 기본적으로는 '○○세가 되면 성인으로 간주한다'와 같이 옛날부터 전해지는 관습에 연연하기 때문이다. 사람들에게는 단순히 나이로 구분하는 버릇이 있다.

2017년 캐나다 밴쿠버에서 열린 TED 컨퍼런스에서는 '연령 차별을 끝냅시다Let's end Ageism'라는 대담이 크게 호응을 얻었다.

뉴욕의 작가이자 활동가인 1952년생 애슈턴 애플화이트는 다음과 같이 호소했다

"우리는 인종차별과 성차별 등 여러 가지 차별을 없애려고 노력해 왔습니다. 그리고 아직 나이에 대한 차별이 남아 있습니다. 이제는 연령 차별을 끝내야 합니다."

그녀의 발언은 모든 세대의 사람들에게서 호평을 받았다.

"맞아, 나도 그런 처우를 받은 적이 있지! 역시 그건 옳지 않아."

사람들 대부분이 공감할 수 있을 정도로 연령 차별주의는 세상에 만연해 있다. 일본에서는 이력서에 우선 나이를 적어야 한다. 또 '35세 이상이면 취업하기 어렵다'라는 말을 쉽게 들을 수 있다. 이런 행위는 미국에서는 '차별'이고 '위법'이다. 35세가 되면 도대체 지금까지와 무엇이 달라진다는 말인가?

증명사진을 이력서에 붙이는 것도 불법이다. 얼굴과 나이가 일자리를 얻는 데 무슨 상관이 있을까? 나이를 기재하거나 사진을 붙이는 게 당연하다고 말하는 사람은 그런 요소에 따라 인간의 능력이 달라진다는 편견을 지닌 사람이다.

유감스럽게도 다른 나라와 비교할 때 일본은 연령 차별이 강한 나라다. 하지만 어느 문화권에서나 연령 차별은 존재하고, 그중에서도 여성은 남성보다 연령 차별의 대상이 되기 쉽

다. 모든 국가에서 나이 든 여성보다 젊은 여성을 우대하고 환영한다.

오늘날 많은 사람이 이런 관습에 의문을 나타낸다. 당신은 나이 때문에 차별을 당한 적이 있는가? 있다면 어떤 상황이었나? 당신도 다양한 상황에서 다른 사람에게 나이를 묻지 않는가? 만약 묻는다면 어째서인가? 다른 사람의 나이를 신경 쓰는 근거는 무엇인가?

다른 사람을 신경 쓰는 이유는 스스로 불안하기 때문이다. 현대인이 안고 있는 그 불안들 가운데 하나가 바로 '나이'다. 우리는 나이 드는 일을 부정적으로 생각한다. 내리막길로 접어들고 점점 더 비참해진다고 여긴다.

이에 대해 애플화이트는 사실이 아니라고 말한다. 그녀의 말에 따르면, 젊은 사람은 죽음을 두려워하고 기피하고 싫어하지만 나이를 먹을수록 죽음에 대한 공포가 줄어들며, 인생에서 가장 행복감을 느끼는 시기도 나이가 지긋해졌을 때다. 행복도는 나이가 들수록 낮아지는 게 아니라 U 자 형태를 이루는 것(어린이와 노인이 특히 행복하다)이 그 증거다.

우리는 나이 드는 일에 대해 잘못된 생각을 가지고 제멋대로 불행해한다. 애플화이트의 주장에 따르면, 여성이 불행을 느끼는 건 여성이라서가 아니라 여성 차별 때문이며, 나이 든 사람은 쇠약해지는 몸과 인지 기능 때문이 아니라 연령 차별 때문에 불행하다.

왜 젊은이와 연장자를 차별하는 일을 당연하게 생각할까? 나이가 들수록 많은 경험이 축적되어 자신이 놓인 상황에서 배우는 힘과 대처 능력이 풍부해진다. 이 같은 좋은 점이 많은데도 그걸 보지 않고 비참하다고만 생각할까? 스스로 자신의 미래를 불행하게 만들고 있지는 않은가?

이런 질문들을 생각했을 때 나이가 들면서 점점 성숙해진다는 사실을 부정하는 건 옳지 않다는 생각이 강해졌다. 평생교육을 위해 대학으로 돌아가는 고령자가 늘고 있다. 노인에게 배울 힘이 없다는 건 거짓말이다. 마찬가지로 젊은 사람이 나이를 이유로 취업이나 결혼을 못 하거나 학교에 가지 못한다면 '다움'의 저주에 사로잡힌 사회에 의해 피해를 받고 있는 것이다.

○
잊어야 할
성공 체험

　　젊은 사람은 미래의 자신을 위해 나이 든 사람의 생각을, 연장자는 과거의 자신을 위해 젊은이의 생각을 가지는 게 좋다. 한 인간 속에 갓난아이에서 노인까지 모든 연령의 사람이 존재해야 균형을 이룰 수 있기 때문이다. 미래를 상상하는 힘과 과거를 떠올리는 힘을 이용해 지금 나이에 부족한 부분을 보완할 필요가 있다.

　나는 쉰 살이 되었을 때 인생이 어느 정도 궤도에 올라 고착화하고 있음을 느꼈다. 그에 놀란 나는 처음으로 도쿄 마라톤

대회에 참가했다. '쉰 살부터 예순 살까지 10년 동안은 열 살이 되기까지 지냈던 격동의 나날을 보내고 싶다'라고 생각했기 때문이다.

열 살이 될 때까지는 같은 일을 반복하지 않았을뿐더러 무엇을 보거나 들어도 늘 새롭고 모든 게 배움이었다. 누구나 그 나이 때는 심한 변화를 겪는다. 이에 '쉰 살에는 왜 변화가 있으면 안 되는 걸까?' 하는 생각이 들어 지금까지 하지 못했던 일, 해본 적 없는 일에 도전하기로 결심했다.

그로부터 5년 후에는 죽을힘을 다해 처음으로 영어로 책을 쓰고 영어권 국가에서 출간도 했다. 마치 다섯 살 시절로 돌아간 듯한 경험이었다. 운 좋게 많은 책을 출간한 일본의 출판 환경에 대해서는 잘 알고 있었지만 그런 성공 체험이 아무런 도움이 되지 않았기 때문이다. 일본에서 200여 권의 책을 출간했더라도 영어로 좋은 글을 쓰지 못하면 그들에게는 아무런 의미가 없었다. 결국 나는 '저는 이런 사람입니다'라는 자기소개부터 시작했다.

전혀 모르는 일을 하고, 경험치가 없는 바탕에서 도전할 수 있도록 만드는 게 다섯 살 아이의 힘이다. 쉰 살부터든 여든 살부터든 지금의 나이와는 상관없이 가능하다. 다섯 살 아이를 기억해 낸 다음 틀에 박힌 방법을 잊고 새로운 일에 도전하는 것만으로도 충분하다.

당신이 인생 후반전을 맞은 사람이라면 지금까지 살면서 얻은 경험을 바탕으로 '나는 이 정도의 속도로 이만큼 해왔으니까 앞으로 남은 시간 동안에는 이 정도의 일밖에 할 수 없어', '지금까지 이런 일을 해왔으니 앞으로 나의 인생은 대체로 이런 정도가 되겠지'라며 예측하고 있지 않은가?

젊어서는 그런 생각을 하지 않았을 것이다. 특히 당신이 열다섯 살 소년이나 소녀라면 '앞으로의 인생은 지금까지 살아온 15년 인생의 연장선상이 될 거야'라고는 상상도 하지 않을 것이다.

사실 경험이 쌓이면 사물의 동향을 어느 정도 예측할 수 있다. 하지만 그렇다고 자신의 인생에도 그런 방식을 적용해 '앞으로도 지금과 같은 삶이 계속될 거다'라고 생각할 필요는 없다.

앞으로도 계속 익숙한 방식으로 살아가야 한다는 건 '제약'이다. 이 제약을 활용해 자유로워질 수도 있지만 대체로 사람들은 이 제약을 '이대로만 살아가면 된다'라며 도전하지 않기 위한 핑계로 쓰기 쉽다.

지금까지 만들어온 규칙을 전제로 한다면 앞으로 할 수 있는 일은 한정될 수밖에 없다. '나답게'라고 생각하는 일 자체가 자신의 미래를 제한하거나 규정한다.

과거의 성공 체험에 사로잡혀 인생이 고착화하기 시작했다면 그 경험을 과감히 잊어버리자. 그리고 완전히 새로운 일에 도전하자. 과거에 하고 싶었지만 포기한 일을 생각해 내 새로운 자신을 개척하는 일이 중요하다.

○
인생은
하나의 가설이다

'다움'이란 인생을 살아가면서 만들어진 하나의 가설일 뿐이다. 나는 젊은 학생들을 만나면 '모든 건 가설이니까'라는 말을 자주 한다. 대학에 가서 무엇을 전공할지, 장래에 어떤 직업을 선택할지를 현시점에서 생각하지만 사실 그 생각은 지금의 '가설'에 지나지 않는다. 실제로 원하는 대학이나 원하는 학과에 들어가 실상을 알게 되면 하고 싶은 일은 얼마든지 바뀔 수 있다.

얼마 전에 한 중학생이 이런 말을 했다. "나중에 금융 업계에서 일하고 싶어요." 그 학생에게는 금융이라는 세계가 빛으로 가득 차 보일 것이다. 하지만 역시나 현시점에서는 '나는 앞으로 무엇을 할 것인가?'에 대한 '가설'이다.

어디까지나 가설이므로 언제든지 달라질 수 있다. 일단 해보고 마음이 바뀌면 다시 새롭게 계획하면 된다. 마찬가지로 아무리 나이가 들어도 '나는 이렇다', '나는 이렇게 해나갈 것이다'라는 모든 생각은 '가설'이다. 나의 경우에도 현재 직업인 '뇌과학자'는 가설이다. 5년 후에도 뇌과학자로 활동하고 있을지는 아무도 알 수 없다.

나는 오래전부터 '뇌에서 의식이 어떻게 만들어지는가?' 하는 문제에 가장 흥미가 많았다. 아마도 이에 대한 생각은 평생 멈출 수 없을 것이다. 하지만 5년 후에도 아직 '뇌과학자'일지는 장담할 수 없다. 소설을 쓰면서 의식에 관해 생각하고 있을지도 모를 일이다.

시간이 흘러 인생 후반에 접어들면 무슨 이유에선지 가설을 현실로 착각하기 시작한다. '앞으로는 이런 일밖에 하지 못할 거야'라며 인생에 대해 어두운 예견을 하는 것이다. 하지만 그런 어두운 전망을 믿을 필요는 전혀 없다.

문제는 '본업'이라는 사고방식 자체에 있다. 나는 '주로 하는 일은 무엇입니까?'라는 질문을 자주 받는다. 나에게는 해결하고 싶은 문제나 관계를 유지하고 싶은 사람들과 하고 싶은 일이 있고, 나는 각각에 최선을 다할 뿐이다. 어느 게 가장 중요한지를 나타내는 우선순위 같은 건 없다.

취미나 부업은 없어도 '본업'은 있어야 한다며 '취미'나 '부업'을 가볍게 생각하는 사람들이 있다. 모든 상황을 동일 선상에 놓지 않고 본업만 중요하게 생각하는 것인데, 사실은 '본업'도 하나의 가설에 지나지 않는다. 이렇게 생각하면 당연히 정규직, 비정규직, 상근, 비상근 같은 구별도 불필요한 일이다.

'앞으로 어떻게 될지 모르는' 다섯 살 아이의 삶은 불안할 수 있다. 하지만 그 불안감이 곧 젊음이고, 미래에 대한 가능성을 열어준다. 앞에서도 말했듯이 인생에서 즐거운 시간이 끊임없이 이어질 수 있도록 하고, 또 그 시간에 충실하기 위해서는 뇌의 균형을 생각해야 한다.

이는 '성공'이라는 개념 자체를 다시 정립하는 일이기도 하다. 사회적 인정을 받는 '성공'을 이루자는 관점이 아니라 '인생은 모두 가설'이라는 관점을 바탕으로 자신의 뇌에 부족한 영양소를 찾고 자신만의 '기쁨'을 발견해 창의적으로 100년을 살 수 있는 힌트를 구하자. 우선 '다움'의 가면을 벗고 다섯 살 시절을 떠올려보자.

» 1장 핵심 내용

◦ 뇌는 외부에서 규정하는 상황에 쉽게 집착한다.

◦ 현대인은 외부에서 많은 정보를 얻는 데 능숙하지만 자기 안에 있는 무
  엇을 생각해 내고 성장시키는 데는 서툴다.

◦ 무의식중에 어른다움, 아이다움, 노인다움, 남자다움, 여자다움 등의
  '다움'을 가장한다.

◦ 과거의 성공 체험에 사로잡히면 새로운 도전을 하지 못한다.

◦ 지금의 인생은 하나의 가설일 뿐이다. 미래에도 같은 일을 할 필요는
  없다.

» 집착하는 뇌를 벗어나기 위해서는

◦ 다른 사람과 자신을 더 이상 나이나 지위로 규정하지 말자.

◦ 인생의 과제를 찾고 즐기면서 하나하나 풀어나가자.

◦ 앞으로 10년을 0~10살 아이와 같은 에너지로 살아보자.

◦ 지금까지 만들어온 규칙을 깨보자.

가끔은 잊어도 괜찮다

∘

저장되는 기억과
저장되지 않는 기억

앞서 두뇌 사용에는 균형이 중요하며 이를 위해서는 부족한 부분을 자각해야 하는데, '생각해 내기'가 그 열쇠라고 이야기했다. 기억과 관련된 뇌의 기본 구조가 이를 과학적으로 뒷받침한다.

인간에게는 다양한 기억이 있는데, 보통 기억이라고 하면 감정을 전혀 사용하지 않고 시험을 위해 교과서를 통째로 외우는 지적 노동을 떠올린다. 하지만 인간은 생물이고, 생물로서 중요한 기억은 감정을 사용해 저장하는 기억이다.

무서운 대상을 만났을 때는 다시는 마주치지 않기를 바라며 그 상황을 기억한다. 기쁜 일이 있을 때는 또다시 그런 상황을 맞을 수 있게 그 조건을 기억한다. 감정이 움직일 때의 기억은 그 경험을 통해 얻은 게 살아가는 데 도움이 되기 때문에 강하고 선명하게 남는다.

지금도 많은 사람이 2011년에 발생한 동일본 대지진을 선명하게 기억할 것이다. 사람들 대부분이 그렇게 큰 규모의 지진이 발생하리라고는 예상하지 못했을 뿐 아니라 일찍이 경험해본 적 없는 거대 해일과 원자력발전소 폭발로 이어진 대재앙이었다. 모든 사람이 충격을 받았고 감정이 크게 동요했다. 그래서 일본인들은 지진이 일어났던 2011년 3월 11일에 어디에 있었는지, 누구와 있었는지, 어떻게 지냈는지를 지금도 생생히 기억할 수 있다.

반면에 그 전날인 3월 10일에 무엇을 했는지 기억할 수 있는 사람은 매우 적을 것이다. 감정이 크게 동요하지 않은 일에 대해서는 기억이 선명하지 않기 때문이다. 감정이 크게 동요한 일만 시간이 지나도 계속 사람들 입에 오르내린다. 머릿속에 강하게 남아 몇 번이나 회상하며 '그때 이랬는데', '그때 나는 어떻게 했어야 했을까?' 하고 서로 이야기하면서 의미를 찾으려고 한다.

인간의 뇌를 보면 기억의 중추 '해마'와 감정의 중추 '편도체'가 이웃해 있다. 그래서 감정이 동요하면 편도체에서 보내는 강한 신호가 해마에도 전해져 기억이 쉽게 정착된다고 알려져 있다.

그에 반해 매일 반복하는 일상의 기억은 쉽게 잊히기 마련이다. 점심에 무엇을 먹었는지, 집을 나올 때 열쇠로 잠갔는지 등의 행동은 특별히 깊은 생각도, 감정의 동요도 없이 매일 하는 일이기 때문에 기억이 뒤섞여 애매해진다.

뇌는 용량이 한정되어 있기 때문에 살아가는 데 중요한 정보만 남기기 위해 항상 기억을 편집한다. '오늘은 점심을 먹었다', '오늘도 점심을 먹었다'…… 그러니까 '이하 동문으로 됐어!' 하고 기억을 삭제해 버리는 것이다.

생물로서의 뇌가 활발하게 작동할 때는 어떤 일을 처음 경험할 때다. 낯선 장소에 가거나 새로운 일을 할 때는 불안과 기대로 가슴이 마구 두근거린다. 감정은 우리가 무언가를 처음 할 때 가장 많이 동요한다.

시험을 통과하기 위해 교과서를 반복해서 읽고 머릿속에 주입했다가도 시험이 끝나면 잊어버리는 경우가 대부분이다. 기억하는 과정에서 감정을 사용하지 않았기 때문이다. 물론 지식을 머리에 넣는 일은 중요한 '공부'다. 따라서 이 일에 감정까지

더하면 '여기에 주목해!', '지금 여기에 집중해서 문제를 해결해!', '이걸 분명히 기억했다가 다음에 교훈으로 삼아야지!' 하고 주의 시스템이나 문제 해결 시스템, 기억 시스템, 이른바 뇌 전체가 필사적으로 작동한다. 이것이 생물로서의 '배움'이다.

°
덮어쓰기를 하는
기억

기억을 저장하는 데는 감정이 중요하다고 했
다. 이때 기억을 '저장'만 하는 게 아니라 잘 '보존'하고 잘 '출
력'하는 일도 중요하다.

'저장'과 '출력'에는 해마가 관여하고 '보존'은 대뇌피질(특히
측두연합영역)이 담당한다. 해마는 진화적으로 새로운 조직인
대뇌피질에 기억을 정착시켰다가 거기에서 다시 기억을 꺼낸
다. 대뇌피질을 도서관에 비유하자면 해마는 도서관에 새 책을
입고하기도 하고 헌책을 꺼내오기도 하는 것이다.

지금 생각해 낼 수 있는 한도에서 당신의 가장 오래된 기억은 무엇인가? 기억을 떠올리려고 하는 바로 지금, 당신은 해마를 이용하고 있다.

예컨대 인출된 기억이 '어린 시절 쇼핑몰에서 길을 잃었던 일'이라고 하자. 지금 당신의 머릿속에서는 쇼핑몰의 선반 형태나 당신을 발견했을 때 어머니의 표정이 선명하게 되살아났다. 동시에 당신은 '어머니가 필사적으로 어린 나를 찾았다', '그 쇼핑몰은 지금은 사라지고 없다'와 같이 새롭게 생각하고 느껴지는 바가 있다.

어떤 기억을 되살렸을 때 그 기억은 현재의 상황과 사고, 감정을 함께 받아들이면서 다시 해마를 이용해 새롭게 정착된다. 다시 말해, 기억은 생각날 때마다 현재의 간섭을 받아 변경된다. 이것이 기억의 편집이다. 컴퓨터는 파일을 한 번 저장하면 계속 같은 위치에 있고, 여러 번 열어도 앞서 연 상태 그대로 꺼낼 수 있지만 인간의 기억은 꺼낼 때마다 장소도, 내용도 조금씩 변한다.

생각이 날 때마다 수정에 수정이 더해져 '사실'에서는 멀어지고 살아가는 데 정말로 필요한 기억으로 변해간다. 이따금 그 편집 과정에서 실제로는 없었던 디테일까지 머릿속에서 만들어지는 경우도 있다. 해마라는 편집 구조가 있기 때문에 우리는 있지도 않았던 일까지 생생하게 기억할 수 있다. 누구나 '가짜 기억'을 가질 수 있는 것이다.

이런 해마의 역할은 미국 출신의 HM이라는 환자 덕분에 밝혀졌다. 그는 어렸을 때 머리를 세게 부딪쳐 두개골에 금이 간 사고 이후로 뇌의 안쪽 측두엽(해마 포함)을 발생원으로 하는 뇌전증을 겪었다. 나이를 먹을수록 증상은 심해졌고 고등학생 때는 빈번히 의식을 잃어 일상에 막대한 영향을 미치면서 결국 자퇴를 해야만 했다.

이후 해마의 역할이 잘 알려지지 않았던 1953년에 그는 뇌전증 치료를 위해 측두엽 안쪽을 절제하는 수술을 받았다. 그 결과, 뇌전증은 호전되었지만 기억에 큰 문제가 생겼다. 해마의 상당 부분을 잃은 그는 더 이상 새로운 기억을 형성할 수 없었고 동시에 과거 2~3년 동안의 기억을 잃어버렸다. 반면에 어린 시절 같은 꽤 오래전의 기억은 무사했다.

이 같은 결과가 시사하는 바는 다음과 같다. 첫째, 해마는 기억의 보존 장소가 아니라 새로운 기억을 만들 때 사용되는 조직이며, 따라서 해마를 절제하면 새로운 기억을 형성할 수 없다.

둘째, 일상에서 '이런 일이 있었다', '그건 무엇이었을까?' 하고 자주 떠올리는 최근의 기억은 해마를 사용해 편집하는 과정에 있다. 그래서 마찬가지로 해마를 제거하면 영향을 받는다.

셋째, 아주 오래전 기억은 대부분 편집 작업이 끝나 체험의 본질이 응축된 상태로 보존되어 있다. 대뇌피질로 이행이 완료되었기 때문에 해마를 제거해도 무사하다.

기억은 떠올리면 몇 번이고 다시 만들어지고 자란다. 그렇게 다시 만들어진 게 '지혜'다. 입력된 정보는 생각해 내는 과정을 통해 본질로 응축되고 살아가는 데 도움이 되는 결실이 된다. 이것이 단순한 '정보'와 '지혜'의 차이다.

○

기억력이 좋다고
머리가 좋은 것은 아니다

　　　　해마를 이용해 형성되는 기억은 '장기 기억'
이라고 부른다. 문자 그대로 몇 개월 또는 몇 년이라는 긴 시간
동안 머릿속에 보존되어 있는 기억이기 때문이다.

　재미있는 점은 지능의 발달 정도를 나타낸다고 알려진 '지능
지수IQ'는 얼마나 많은 장기 기억을 저장할 수 있는지와 관계
가 없다는 것이다. 정보나 지식을 많이 축적한 사람이 반드시 머
리가 좋다고 할 수는 없다는 말이다.

　확실히 IQ가 높은 사람은 머릿속에 많은 지식을 가지고 있

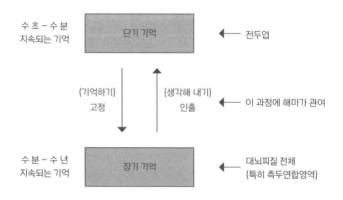

단기 기억과 장기 기억

는 경우가 많다. 하지만 많은 지식이 있다고 해서 반드시 IQ가 높은 건 아니다. 그러면 이른바 '머리가 좋다'는 건 무엇과 관련이 있을까? 바로 '단기 기억'과 관련이 있다. 단기 기억은 주로 전두엽이 관장하는데, 몇 초에서 몇 분까지 아주 짧은 시간 동안 보존되는 기억이다.

열한 자리 전화번호를 듣고 메모할 동안만 기억했다가 다 적고 나면 잊어버리는 게 단기 기억에 해당된다. 단기 기억은 뇌의 사령실에 있는 스크린, 즉 전두엽에 지금 이 순간 얼마나 많은 정보를 동시에 비출 수 있는지에 관한 것이다.

'머리가 좋은 사람'은 말을 할 때 지금까지 자신이 이야기한 내용을 전두엽의 스크린에 비춰 확실히 바라볼 수 있다. 게다가 다음에 무슨 말을 할지 미리 정할 수 있기 때문에 조리 있고 재미있는 이야기를 할 수 있다.

반대로 전두엽 스크린에 정보를 조금밖에 비추지 못하면 앞의 이야기와 지금 하는 이야기의 연결 고리가 보이지 않아 종잡을 수 없는 이야기가 되고 만다.

아무리 많은 장기 기억을 측두연합영역에 저장하더라도 전두엽으로 끌어내 틈틈이 접하며 현실 세계와 참조하는 훈련을 하지 않으면 기억이라는 보물을 적절하게 활용할 수 없다. 지식이 많은 것과 지혜를 발휘하는 일은 다르다.

'생각해 내기'를 통해 기억을 끌어내 현재 상황에 비춰 편집해야 비로소 지혜가 된다. 이것이 바로 뇌의 구조를 바탕으로 한 생각해 내기가 중요한 이유다.

○
생각해 내는 방법에는
두 종류가 있다

　　　　생각해 내는 방법에는 무의식적인 것과 의식적인 것 두 종류가 있다. 전자는 디폴트 모드 네트워크의 기능이고, 후자는 뇌의 사령탑인 전두엽이 명령을 내려 기억을 끌어내는 것이다. 우선, 디폴트 모드 네트워크에 대해 설명해 보자.

　디폴트 모드 네트워크는 무언가에 집중할 때가 아니라 아무것도 하지 않을 때, 휴식할 때 활발하게 작동하는 뇌 부위다(해마도 이 네트워크의 일부라고 할 수 있다).

　우리는 흔히 집중할 때 뇌가 활발히 작동하며 또 집중하기 때문에 뇌가 단련이 된다고 생각한다. 하지만 이는 오해다. 아무것도 하지 않을 때만 일을 하는 뇌 부위가 있다. 디폴트 모드 네트워크로, 이 회로를 잘 움직이게 하려면 적극적으로 쉬어야 한다. 뇌는 쉬고 있을 때 마음껏 다양한 기억을 떠올리고 체험과 체험을 연결해 기억을 정리한다.

우리는 낮 동안 집중해서 일을 하고 많은 사람을 만난다. 이때는 정보가 들어오기만 해서 뇌가 정리할 시간을 가질 수 없다. 우리가 아무것도 하지 않을 때 뇌는 비로소 기억을 정리하기 시작한다. 생각하지 않고 멍하게 있는 상황이 '쓸데없는' 시간으로 보일 수 있지만 사실은 기억을 정리하는 중요한 시간이다.

우리가 자고 있을 때나 샤워할 때, 산책할 때 디폴트 모드 네트워크가 가장 활발하게 작동한다. 당신은 아침에 잠에서 깬 순간이나 샤워를 할 때 '아!' 하고 어떤 생각이 떠오른 적이 있지 않은가? 이는 당신이 긴장을 풀고 있었기 때문에 이 네트워크가 작동해 기억과 기억을 연결하고 정리한 결과로 생기는 현상이다. 우리의 의식이 깨닫지 못하는 게 아니라 의식이 잠을 자기 때문에 무의식이 활발하게 활동하는 것이다.

무언가에 집중하려면 불필요한 생각은 억제해야 한다. 일을 할 때는 점심 메뉴를 고른다거나 배우자와의 문제를 해결하는 등 일과 상관없는 생각은 최대한 자제하는 편이 좋다. 그 순간과 관련이 있는 일에만 사고 범위를 좁혀야 한다. 그것이 의식의 역할이다. 반면에 긴장이 풀리면 의식의 억제가 느슨해져 무의식이 자유롭게 활동할 수 있다. 이때 뇌는 의외로 깊은 곳에서 필요한 기억을 찾아올 수 있다.

이를 영어로 'Sleep on it'이라고 하는데 '자면서 생각한다'는 뜻이다. 의식적으로 이런저런 생각을 하다가 막혔을 때 오히려 잠을 자면서 의식을 완전히 놓아버리면 기억이 정리되어 좋은 방법이 떠오른다는 사실은 이미 잘 알려져 있다. 발효 식품처럼 뇌는 하룻밤 시간을 주면 자연스럽게 발효되어 맛있게 무르익는다. 우리가 생각하는 것보다 뇌는 훨씬 똑똑하다.

기억을 관리하다

계속 '집중'하지 않고 적극적으로 '휴식'하면서 균형을 맞추면 기억은 정리된다. 그런데 일부러 긴장을 풀고 휴식하는 것과는 반대로 의식적으로 애써 '생각해 내는 시간'을 만들어야 하는 경우가 있다. 무의식에만 맡겨두면 형성될 수 있는 나쁜 버릇이 심해질 수 있기 때문이다.

우리에게는 떠올리기 쉬운 기억과 잘 떠오르지 않는 기억이 있다. 좋은 기억은 몇 번을 떠올려도 괜찮지만 안 좋은 기억은 그다지 떠올리고 싶지 않아 억제하게 된다. 이런 경험이 쌓이면 기존 신경세포의 관계에 변화가 생기고 사람에 따라 생각해 내는 방법에 버릇이 생긴다.

좋았던 일만 계속 생각하고 안 좋은 일은 애써 생각하지 않으려는 사람이 있다. 반대로 안 좋은 일만 자꾸 생각하는 사람도 있다. 인생에서 즐거웠던 일, 기뻤던 일을 발견하는 데 서툰 사람이 있다면 의식적으로 그런 일을 떠올리려고 노력해 보자. 인생이 훨씬 행복해질 것이다. 마찬가지로 좋은 일만 떠올리는 사람은 힘들겠지만 안 좋은 기억을 떠올려보자. 그 경험이 앞으로의 인생에서 면역 역할을 하거나 실수를 줄이는 데 도움이 될 것이다.

안 좋은 기억을 억제하는 유형, 기분 나쁜 일만 생각하는 유형 가운데 어느 쪽이든 자신의 기억 습관을 고치기 위해 평소 기피하던 기억을 의식적으로 생각해 내야 한다. 의식한다는 건 전두엽으로 기억을 끌어낸다는 뜻이다.

뇌의 사령탑인 전두엽은 끌어낸 기억을 어떻게 할까? 전두엽은 그 기억이 어떤 의미인지 다시 한번 뇌의 다양한 영역에 질문을 던진다. 현실 세계와 대조하며 기억을 광범위하게 관리하는 것이다.

○
나쁜 기억은
바꿀 수 있다

기억을 생각해 내고 정리한다는 건 과거의 경험과 마주한다는 뜻이다. 다르게 표현하면 감정을 다시 쓰는 것이다.

일부러 나쁜 기억을 떠올리고 그 의미를 새롭게 생각해 보자. 전두엽으로 기억을 끌어내면 현재의 새로운 지식과 경험에 비춰 논리적으로 그 경험을 다시 생각할 수 있다. 그러면 당시에는 보이지 않았던 걸 볼 수 있다. 이때 좋은 면을 발견하면 그 기억은 더 이상 나쁜 기억이 아니게 된다. 중층적인 체험을 할 수 있는 것이다.

감정이라고 하면 일어난 일에 대한 단순한 '반응'으로 생각할 수 있는데 사실 그렇게 간단하지 않다. 예컨대 '이 사람이 좋다'라는 연애 감정이 생기는 일에 대해 생각해 보자. 논리가 아니라 반응을 통해, 즉 첫눈에 반하는 경우와 같이 이유 없이 사랑에 빠질 수 있다.

반면에 좋거나 싫은 감정이 전혀 없던 사람과 식사를 한 다음 '아, 이 사람은 식당 직원에게 이런 말을 하네', '음식을 이런 식으로 음미하네' 하고 알게 되거나 다른 사람에게서 소문을 듣고 성격을 다양하게 파악한 뒤에 점점 좋아질 수도 있다. '정말 좋은 사람이다. 함께 있으면 행복해' 하고 분석이 감정을 만들어 내는 것이다.

감정은 상황에 대해 완전히 수동적으로 반응하지 않고 스스로 여러 요소를 논리적으로 평가한 다음 그 결과를 반영해 복잡하게 만들어진다. 분석을 통해 감정이 생길 수도 있다는 말인데, 이를 '감정평가이론Appraisal Theory of Emotion'이라고 부른다. 인생 경험도 의식적으로 생각해 내고 다각적으로 바라보며 여러 차례 분석하면 그 감정적 의미가 다양하게 변한다.

인간의 기억과 감정의 구조를 바탕으로 보면 과거는 변하지 않는 게 아니라 성장하는 것이다. 물론 발생한 일이나 사실은 변하지 않는다. 하지만 그 의미는 바꿀 수 있다. 그리고 과거에 만들어진 의미를 어떻게 바꿀지는 자신의 손에 달렸다.

과거에 친구가 했던 충격적인 말을 반복해서 떠올리며 '무슨 뜻이었을까?' 하고 계속 생각해 본 경험이 있을 것이다. 마음이 상한 나머지 그 말을 들었을 때의 상황을 몇 주 동안이나 계속해서 생각하면서 '이랬을지도 몰라', '저랬을지도 몰라' 하고 다른 각도에서 바라보며 어떻게든 마음을 진정하려 의미를 찾는다.

그리고 꽤 시간이 흐른 뒤에 문득 자신이 다른 사람에게 그 친구와 비슷한 말을 하고는 그 경험과 이전의 기억이 빠르게 교차되면서 '그 친구의 말은 원래 이런 뜻이었을지도 몰라' 하고 새로운 의미를 찾기도 한다.

상대에게서 그 말을 들었다는 사실은 지워지지 않는다. 하지만 반복해서 떠올리며 현재의 상황과 과거의 기억을 대조해 분석하면 완전히 새로운 의미가 만들어진다.

경험을 많이 할수록 그리고 그 기억들을 떠올릴수록 기억은 창조로 이어진다. 새로운 의미를 만들어낸다는 점에서 머릿속에서 경험을 처리하는 일도 예술가가 작품을 만드는 일과 마찬가지로 창조성을 띤다고 할 수 있다.

○
몸의
기억

　'이런 일이 있었다', '저런 일이 있었다' 하
고 우리가 말로 할 수 있는 기억에 대해서는 해마가 중요한 역
할을 한다. 한편, 해마를 사용하지 않고 새겨지는 기억이 있다.
바로 몸의 기억이다.

　언어를 전혀 사용하지 않고 몸으로 배우고 기억하는 경우의
대표적인 예가 자전거 타기다. 일반적으로 자전거를 타는 방법
은 '두 손으로 핸들을 잡고 오른발을 올려……'와 같이 하나하
나 말로 배우기보다는 몸을 써서 몇 번이고 반복해서 도전하며

배웠을 것이다.

집으로 돌아가는 방법도 마찬가지다. 학교나 회사에서 집까지 가는 길을 모두 말로 설명하기는 어렵다. 또 술에 취해 갈지자로 걸으며 특별히 의식하지 않아도 집을 찾아갈 수 있다. 수없이 다닌 길은 몸이 기억하고 있는 것이다.

몸의 기억, 운동의 기억은 뇌 부위 중에서도 기저핵과 소뇌가 주로 담당한다. 완전히 무의식적인 부분까지 '기억'이라고 부르는 게 의외일 수 있지만 말로 표현할 수 없는, 즉 의식 밖에서 배울 수 있는 것은 방대하다.

많은 사람이 머리와 몸은 별개여서 머리가 좋은 것과 운동을 잘하는 것은 관련이 없다고 생각하는데 운동계의 학습도 뇌가 담당한다. 만약 당신이 평소에 운동을 하지 않는다면 몸은 물론 운동과 관련된 뇌 부위도 그다지 사용되지 않는다. 바꿔 말하면, 몸의 움직임도 뇌를 고르게 사용하기 위한 하나의 요소다.

'집중'뿐만 아니라 '잠'과 '휴식' 그리고 언뜻 '두뇌'와는 거리가 있어 보이는 '운동'도, 두뇌를 사용하는 '분석'과 관계가 없어 보이는 '감정'도 인생을 풍요롭게 한다는 의미에서 쓸데없는 건 하나도 없다. 오히려 정보가 지나치게 많은 오늘날 이들을 더 중요하게 생각해야 한다.

○
인간,
초심을 잊는 생물

　　　　더욱 깊이 있게 자신을 인식하는 데 도움이
되는 방안이 있다. 최근에 많은 주목을 모으고 있는 마음 챙김
mindfulness이다.

　마음 챙김은 자신이 '지금 이 순간'에 느끼는 것을 '좋다' 혹
은 '나쁘다'라고 판단하지 않고 전체적으로 파악하려는 행위를
말한다. 지금 자신이 있는 세계에서 무슨 일이 일어나고 있는
지, 자신이 무엇을 느끼고 있는지 하나하나 자각하려 노력하지
만 그것에 대해 일체의 판단을 하지 않는다.

'저것이 있다', '이것이 있다', '나는 이렇게 생각한다', '나는 이렇게 느낀다' 하고 세계나 자기 내부의 움직임을 마치 숲속에 무슨 동물이 있는지, 무슨 식물이 있는지 생태계를 알아가는 듯한 느낌으로 전체적으로 파악한다.

일일이 '좋다' 혹은 '나쁘다'로 판단하지 않으면서 어떤 일이나 어떤 감정을 깨달은 상태 그대로 머물면, 다양한 일과 감각, 감정이 우리가 사는 사회와 자기 속에 어떤 식으로 존재하는지 알 수 있고 각각을 전체적인 하나로서 있는 그대로 바라볼 수 있다. 이와 같이 한 가지 일에 '집착하지 않기' 위해서는 마음 챙김이 매우 효과적인 트레이닝이다.

마음 챙김은 다양한 형태로 발전시킬 수 있다. 마음 챙김을 통해 내면의 감각뿐만 아니라 자신과 타인의 관계, 사회의 구조에 관한 깨달음을 공간적으로 넓혀갈 수 있다. 나는 이를 '사회적 마음 챙김'이라고 부른다. 사회적 마음 챙김이 확장될수록 자신의 마음과 타인의 기분, 세계의 움직임을 잘 알고 각각을 상대화할 수 있다. 세계 속에서 자신의 자리를 찾는 데 능숙해지는 것이다.

물론 깨달음은 시간적으로도 확장해 나갈 수 있다. 이를 '시간적 마음 챙김'이라 부르기로 한다. 시간적 마음 챙김은 계속 이야기해 온 '떠올리기'에 해당한다. 예전의 일을 생각해 내고

'내가 저랬구나', '예전에 저런 생각을 했구나' 하고 가능한 한 많은 걸 '좋다' 또는 '나쁘다'라고 표현하지 않고 있는 그대로 현재 위치에서 파악하는 것이 시간적 마음 챙김이다. 흔히 '초심을 잊지 말자'고들 하는데 이는 '시간적 마음 챙김을 한다'는 의미일지도 모르겠다.

하고 싶은 일을 포기하지 않는다

많은 사람이 나이 들수록 현재의 생활에 쫓겨 과거에 무슨 생각을 했는지, 어떤 꿈을 가지고 있었는지를 잊어버린다. 과거에는 하고 싶었지만 다른 길을 선택하면서 할 수 없었던 일이나 시작했지만 도중에 포기한 일 등 삶 속에는 놓쳐버린 많은 일이 있다.

가끔은 그런 일들을 되돌아보고 자신이 어떤 사람이었는지 자각해 볼 필요가 있다. 이를 통해 과거의 자신이 되살아나면서 지금과 연속된 존재가 된다. '다움'에서 벗어날 수 있으며 나이와 상관없이 살 수 있다.

지금 나는 과학자이지만 예전부터 과학 말고도 예술에 열정을 쏟아왔다. 과학자가 되기를 선택했으니 예술가의 꿈은 포기하는 게 일반적일지도 모른다. 하지만 나는 '과학자이지만 예술을 해도 좋다'라고 생각했다. 그리고 그 실천 방안으로 매일 라인 블로그에 직접 그린 서툰 그림을 올리고 있다.

이를 '예술'이라고 할 수 없을지도 모르지만 예술을 좋아했던 기분을 떠올리며 일상에서 내가 할 수 있는 형태로 실현하고 있는 것이다. 시간을 들여 유화 작품을 완성하는 일은 현재의 나에게는 불가능한 일이지만 손가락과 태블릿 단말기만 있으면 3분만 할애해도 매일 그림을 그릴 수 있다.

'A를 선택했으니까 이제 B는 할 수 없다'라는 생각은 사실 혼자만의 생각일 뿐이고 B는 방법을 찾기 나름이다. 과거에 하고 싶었던 일, 과거에 하지 못했던 일을 생각해 내고 'A 아니면 B'가 아니라 완전한 형태가 아니어도 좋으니 'A도 B도' 가능한 방법을 찾으면 과거에 키웠던 꿈을 현재의 생활과 연결해 나갈 수 있다. 단 한 번뿐인 인생에서 비록 완전한 형태는 아니지만 하고 싶었던 일을 모두 하는 게 즐거운 삶을 사는 비결이다.

○
과거와 현재를 연결하는
'생각해 내기'

　　과거에 자신이 무엇을 하고 싶었는지 떠올리기는 취미를 시작하는 계기가 된다. 나의 어머니는 여든 살이 넘으셨지만 요즘 춤에 푹 빠져 지내신다. 지금은 돌아가신 니나가와 유키오 감독이 연출한 무대에서 3년 연속 춤을 추시기도 했다. 생각해 보면 어머니는 예전부터 예술을 좋아하셨다. 어쩌면 어머니도 과거의 자신을 돌아보고 춤추기를 시작하셨을지도 모른다.

　　과거와 현재가 연결된 또 한 사람이 있다. 내가 이화학연구소에 있을 때 이따금 내게 말을 걸던 묘한 중년 남성이 있었다. 그는 기구 영업자였는데 여러 해 동안 매주 방문해 그저 잡담을 하다가 돌아가곤 했다.

나는 그와 이야기를 나누면서도 '이분은 도대체 어떤 사람일까?' 하고 생각했다. 그렇지만 사실 그런 사람이 제일 영업을 잘하는 사람이다. 특별히 '이걸 사달라', '이렇게 해달라' 식의 요구는 전혀 하지 않고 시시콜콜한 이야기만 하는데도 매주 얼굴을 보며 담소를 나누었기 때문인지 결국 필요한 것이 생겼을 때는 그분에게 요청하게 되었다.

그런 재미있는 분이 내가 영국 유학을 가게 되었을 때 "선생께 한 가지 부탁이 있습니다만" 하고 말을 꺼냈다. 나는 '마지막 발주일까?'라는 생각에 "무슨 부탁인데요?" 하고 물었다. 그랬더니 "선생님 책상 위의 나비 표본 장식을 제게 주실 수 있겠습니까?"라고 간청하는 게 아닌가. 파랗게 빛나는 레테노르모르포나비의 표본이었다.

그 말을 듣고 나는 '이 사람은 초심을 잊지 않았다', '항상 마음속에 소중한 걸 지니고 있는 사람이다'라고 생각했다. 그 순간만큼은 그 중년 남성이 소년으로 보였다. 타인을 단순히 '영업' 대상으로 보지 않았을 뿐 아니라 내가 그 표본을 소중하게 여긴다는 사실을 알고 공감해 주었기 때문이다.

모든 중년의 세대도 한때는 소년이거나 소녀였다. 생각해 내기, 즉 '시간적 마음 챙김'은 다시 한번 소년이나 소녀로 돌아가는 일이다. 그들은 특정 가치관에 얽매이지 않고 세계를 있는 그대로 볼 수 있다. 여배우 야치구사 카오루처럼 늘 젊게 살며 많은 사람의 동경을 받는 사람은 소년 또는 소녀였던 시절을 떠올리는 데 능숙한 사람이다.

◦
건망증은
큰 기회다

마음 챙김은 전체성을 회복하는 행위다. '시
간적 마음 챙김'은 앞에서 말한 두 종류의 기억 구조 가운데 의
식적으로 생각해 내는 구조와 마찬가지로 전두엽의 단기 기억
회로를 통해 측두연합영역에서 기억을 끌어내는 것이다. 지금
자신의 스크린에 과거의 기억을 끌어와 의식적으로 과거의 자
신을 확인하면 앞으로의 삶에 도움이 될 수 있다.
  결과적으로 '생각하려는' 습관은 생각하는 데 이용되는 회로
를 단련한다. 따라서 건망증을 방지하고 말 그대로 안티에이징

anti-aging으로 이어진다. 생각해 내려는 시도만으로도 효과가 있으며, 실제로는 기억이 나지 않아도 괜찮다.

떠올리려고 해도 떠오르지 않아서 짜증이 나 생각해 내기 자체를 그만두는 사람이 있다. 하지만 건망증은 기회라 할 수 있다. 건망증은 어떤 상태일까? 뇌의 전두엽이 '나는 이걸 기억하고 있다'라는 사실을 알고 있지만 측두연합영역이 그에 대해 바로 대답하지 못하는 상태다.

전두엽은 '이것은 경험이 있어서 잘 알고 있어'라며 '이것을 기억해 내!'라고 측두연합영역에 전달하지만 측두연합영역이 대답하지 못해서 조바심을 낸다. 여기서 기분 나빠하지 않고 대답할 때까지 기다린다. 그리고 마침내 생각이 나면 '이거야! 드디어 생각해 냈어! 기쁘다!'라며 보상 물질인 도파민을 분비한다.

뇌는 한 번 도파민을 분비하면 그때 했던 일을 다시 하고 싶어 하는 성질이 있다. 그리고 잊어버렸다가 다시 힘들게 생각해 내면 처음에 느낀 불쾌감을 훨씬 뛰어넘는 큰 쾌감을 얻을 수 있기 때문에 '생각해 내기는 즐거운 일이다', '생각해 내기를 좀 더 하고 싶다' 하고 생각해 내기와 관련된 회로가 강화된다. 잊어버렸기 때문에 비로소 생각해 내는 회로를 강화할 기회가 주어지는 것이다.

건망증은 질병이나 노화 때문에 발생하는 게 아니라 누구에게나 있는 일이다. 앞에서 설명한 대로 매일 비슷한 일을 하다 보면 기억이 뒤섞여 확실히 구분하지 못한다. 그리고 원래 감정이 움직이지 않는 일에 대한 기억은 잘 정착되지 않는다.

또 바쁘게 생활하다 보면 일일이 주의를 기울이지 못하거나 충분히 기억을 정리하지 못해 막상 필요할 때 잘 떠오르지 않는다. 다시 말해, 잘 잊어버리는 것이다.

건망증의 또 다른 원인으로는 생활 속 걱정거리를 들 수 있다. 그런 걱정이 기억해 내는 일을 방해하거나 불편한 기억이 생활에 지장을 주면서 기억 자체를 억누른다. 따라서 오히려 걱정거리와 스트레스가 많은 요즘의 젊은이들이 더 잘 잊어버리고 건망증에 시달린다. 결국 잊어버리는 것 자체는 전혀 문제라고 할 수 없다.

생각해 보면 건망증은 이상한 현상이다. 우리는 '어머, 그 사람, 그 사람이에요!' 하는 식으로 이름이나 얼굴이 생각나지 않을 때가 종종 있다. 자신이 안다는 사실은 알고 있지만 내용을 모르는 것이다. 기억해 내고 싶다는 욕구는 전두엽에서 나오는데, 이와 같은 '알고 있다'는 감각은 '알고 있는 감각feeling of knowing'이나 '설단 현상tip of the tongue phenomenon' 등의 용어로 오랫동안 연구되고 있다.

건망증은 기억이 머릿속에서 지워진 게 아니라 지금 바로 한 걸음만 내디디면 떠올릴 수 있는 상태를 말한다. 기억은 남아 있으니까 내용이 떠오를 때까지 끈기 있게 생각해 내면 건망증은 기회가 될 것이다. 걱정하지 말고 즐거운 마음으로 생각해 내기에 도전해 기회로 바꿔보자.

» 2장 핵심 내용

◦ 기억은 감정과 연결되면 쉽게 정착된다.

◦ 특별한 경험은 해마를 이용해 장기 기억으로 보존된다. 이를 전두엽으
  로 끌어내는 행위가 생각해 내기다.

◦ 생각해 낼 때마다 기억은 편집되고 살아가는 데 필요한 지혜가 된다.

◦ 디폴트 모드 네트워크는 우리가 쉴 때 작동해 기억을 정리한다. 물론
  일부러 생각해 내기도 중요하다.

◦ 자전거 타기 같은 몸으로 익히는 기억도 있다.

◦ 생각해 내기는 전체성을 회복하는 일이며 뇌의 회로를 단련하는 방법
  이기도 하다.

» 생각을 새롭게 하기 위해서는

◦ 발상이 막히면 생각하는 일을 그만두고 일찍 잠을 잔다.

◦ 과거에 안 좋았던 일은 다시 떠올려 새로운 의미를 발견해 매듭을 짓자.

◦ 적극적으로 몸을 움직이자.

◦ 사람이나 물건의 이름이 바로 떠오르지 않을 때는 인내심을 가지고 생
  각해 보자.

생각이 나를 바꾼다

○
현대,
제2의 르네상스

현대사회는 어떤 인재를 요구할까? '제2의 르네상스'라고 할 수 있는 오늘날에도 14세기에서 16세기에 걸친 르네상스 시대에 출현한 '만능인'이 필요하다.

만능인은 어떤 직업에 종사하든 그 일에만 얽매이지 않고 모든 분야에 흥미를 가지고 능력을 펼치는 사람이다. 조각가인 동시에 건축가이자 시인이었던 미켈란젤로, 그림은 물론 해부학과 천문학에 걸쳐 위대한 업적을 남긴 레오나르도 다빈치가 대표적인 만능인이다.

오늘날 우리 역시 '만능인'이 나타날 수 있는 조건들을 갖추고 있다. 미국의 일론 머스크는 전기자동차 생산 업체인 테슬라를 경영하면서 우주 개발을 위한 스페이스X를 설립했고, 태양광발전 기업인 솔라시티를 통해 차세대 이동 수단인 하이퍼루프Hyperloop를 개발하고 있다.

기술자이자 투자가이며 사업가인 그에게도 하루 24시간은 동일할 텐데 어떻게 그렇게 많은 일을 할 수 있을까? 그만큼 기술이 발전하고 환경이 조성되어 있기 때문일 것이다. 그의 업무 스타일을 직접 보지는 못했지만 이메일과 SNS 같은 매우 효율적인 방법을 이용해 지시 사항을 전달할 것이다.

인터넷 기술이 발달하지 않아서 직접 만나거나 통화하는 것과 같이 대화가 필요했던 시절에 비해 오늘날에는 어떤 일을 진행할 때 투입되는 시간이 압도적으로 단축되었다. 시간을 절약하고 여러 일을 동시에 진행할 수 있는 것이다.

필요한 논문을 읽어야 할 때도 도서관에 직접 방문해 찾지 않고 대부분 인터넷을 통해 무료로 다운받을 수 있다. 누구나 어디에서든 전문가 못지않게 궁금한 내용을 조사할 수 있다는 말이다. 이런 환경 덕에 일론 머스크가 등장할 수 있었다.

그를 '만능인'이라고 할 때 과학기술 분야에 재능이 있는 사람만 '만능인'이 될 수 있다고 생각할 수도 있다. 물론 현재 인공지능 분야가 가장 활기를 띠고 있다. 계속해서 새로운 동향과 개념이 생겨나고 있고 모든 분야와 연계해 우리의 생활을 근본부터 바꾸고 있다. 하지만 만능인은 이공계뿐만 아니라 다양한 분야에서 나타나고 있다.

직업 세계에 변화를 가져온 과학기술

취재를 위해 레스토랑 '이누아'에 다녀온 적이 있다. 세계 제일의 레스토랑으로 평판이 난 코펜하겐의 '노마'에서 10년 동안 일한 토마스 프레벨이 문을 연 식당이었다. 나는 그곳에서 요리 분야에서도 고정관념이 깨지고 점차 진화하고 있음을 목격했다.

독일 출신의 그는 다시마를 즐겨 사용한다. 일본인이 가장 잘 다룬다고 생각했던 다시마를 이용한 음식이 프레벨의 추천 요리였다. 잎새버섯을 밑간한 다음 여러 날 재운 뒤에 며칠에 걸쳐 훈제해 다시마 국물에 담가 내놓는 요리였다. 수확한 지 시간이 제법 지났는데도 잎새버섯의 탄력이 마치 갓 자른 전복 같았다.

원래 잎새버섯은 산에서 나는 재료인데 전복 같은 식감에 다시마 성분이 더해져 이제껏 맛본 적 없는 놀라운 음식으로 변신했다. 오히려 일본인이 다시마 사용법을 배워야 할 정도로 훌륭했으며, 일본과 북유럽의 경계를 뛰어넘은 요리였다.

일찍이 스페인의 레스토랑 '엘 불리'에서 그랬던 것과 같이 과학기술을 이용해 분자 수준에서 요리를 변화시키는 분자요리학molecular gastronomy도 계속 시도되고 있다. 요리와 과학이라는 분야의 경계를 허물고 있는 것이다.

일본에도 유사한 움직임이 일어나고 있다. 일본 술 '닷사이獺祭'는 '전문적인 지식과 소양을 갖춘 사람이 아니면 양조를 맡을 수 없다'는 상식을 깨고 있다. 완전히 자동화된 공장에서 안정된 품질을 유지하며 술을 만들어내고 있다. 일본에서 장인에 의존하지 않고 술을 빚는 일은 지금까지 상상도 할 수 없는 일이었다.

이전에는 생각하지도 못했던 분야에서 계속해서 새로운 도전이 이루어지고 있다. 훗날에는 오늘날을 '제2의 르네상스'라고 평가할 게 분명하다. 현대는 '형식에 얽매이지 않는' 인재가 나오는 조건을 갖추고 있으며, 그런 사람이 빛을 발하는 시대로 나아가고 있다.

○
독학으로 누구나
만능인이 될 수 있다

　　'만능인'이 되려면 어떻게 해야 할까? 이 시대에 가장 중요한 열쇠는 무엇일까? 답은 간단하다. 무언가를 배우기 위해 학교나 문화센터에 가야 한다거나 좋은 선생님 또는 정답을 알려줄 교과서가 어딘가에 있다는 생각을 버려야 한다. 오늘날에는 자기만의 방식으로 배우는 일이 중요하다. '정답은 어디에도 없다'는 사실을 깨달은 사람만이 만능인이 될 수 있기 때문이다.

　학교에서는 일론 머스크가 구상한 하이퍼루프를 가르쳐준

적이 없다. 토마스 프레벨에게 잎새버섯을 전복처럼 만드는 방법을 가르쳐준 사람도 없었다. 그들은 필요할 때 자신이 원하는 걸 조사하고 다양한 공부를 하며 생각한 바를 실천했을 뿐이다.

무엇을 어떤 식으로 배우든 상관없다. 르네상스 시대의 레오나르도 다빈치도 그랬다. 그는 어렸을 때 교회나 학교에서 이루어지는 정식 교육을 받지 않았다고 한다. 그저 하고 싶은 일을 계속해서 추구한 결과 만능인이 되었다.

2019년 당시 열네 살이었던 영국 소녀 알마 도이처는 세 살에 리하르트 슈트라우스의 곡을 듣고 "어떻게 음악이 이렇게 아름다울 수 있어요?"라며 감동했고, 여섯 살에는 처음으로 피아노 소나타를 작곡했으며 일곱 살에 첫 오페라를 완성했다. 신동으로 불리는 그녀가 작곡한 오페라는 이스라엘, 오스트리아, 미국 등 각지에서 공연되어 많은 박수갈채를 받았고 전문가들에게 높이 평가받았다.

그녀는 학교에 다니지 않고 집에서 교육받고 있다. 다섯 살에 처음 간 학교 오리엔테이션에서 "좀 더 환기가 잘되는 곳에서 자유롭게 배우고 싶어요. 직접 책을 읽으면 좋겠어요"라는 말을 남기고는 자퇴를 결정했다.

충격적이게도 그녀의 주된 작곡 방법은 줄넘기다. "이렇게 하면 곡이 떠올라요"라며 마당에서 깡충깡충 줄넘기를 한다. 멜로디를 생각해 내려 애를 쓰면 오히려 떠오르지 않고, 줄넘기를 하며 놀 때나 꿈속에서 악상이 떠오른다고 한다.

'인간이 아니라 요정이 아닐까' 하고 생각할 수도 있지만 그녀의 학습법은 한 가지 진실을 나타낸다. 놀고 있을 때나 자고 있을 때 활성화되는 디폴트 모드 네트워크의 기억 정리가 창조성으로 이어진다는 사실이다.

어째서 자기에게 맞는 속도와 자신만의 방법으로 좋아하는 대상을 학습하면 만능인이 될 수 있을까. 관심 있는 대상을 학습할 때는 분야에 얽매이지 않고 배울 수 있다는 장점이 있다. 학교에서는 국어, 수학, 과학, 사회, 예체능 등 각각의 분야가 다르다는 점을 전제로 각기 다른 선생님이 지도하지만 사실 분야의 경계 같은 건 없다.

모차르트에 관심이 있다면 유튜브를 통해 다양한 사람이 연주한 그의 음악을 무료로 들어볼 수 있다. 그런 다음 그의 삶에 흥미가 느껴지면 관련된 책을 읽거나 직접 피아노를 쳐볼 수도 있다. 결국 음악과 문학, 운동이 모두 하나로 연결되는 것이다.

우리는 고등학생 시절부터 학문을 문과와 이과로 나누고 둘 사이에 큰 경계가 있다고 생각해 왔다. 하지만 인간의 심리에 관심이 있다면 그 미묘함을 그려낸 소설을 읽는 일도, 철학자들이 쓴 논문을 읽는 일도, 물리나 수학을 통해 물질로서의 뇌가 작동하는 방식을 배우는 일도 혹은 인간을 직접 관찰하는 일도 하나의 고리로 연결할 수 있다. 문과와 이과는 편의상 구분한 것에 불과하다.

예컨대 '철학도 하고 싶고 물리도 하고 싶은데 진로는 어느 쪽을 선택해야 할까' 하고 깊이 고민할 수 있다. 애초에 경계가 없기 때문에 망설이는 것도 당연하다. 자신의 흥미를 중심으로 생각하면 더 이상 분야가 구분되지 않는다. '분야' 역시 하나의 가설일 뿐이다.

○
인생에는
교과서가 없다

　　앞에서 말했듯이 현대는 만능인을 배출할
기반을 갖추고 있다. 학교에서는 분야를 나눠 교육하고 있지만
검색 사이트나 유튜브 등에 흥미 있는 키워드를 입력하면 분야
를 막론하고 무료로 배울 수 있는 소재가 얼마든지 나오기 때
문이다.
　키워드를 검색하면 과학 논문부터 블로그, 전문가의 영상,
아마추어의 영상까지 모두 볼 수 있다. 그렇게 검색된 정보 중
에 마음에 드는 하나를 클릭해 읽거나 보면 된다. 이게 바로 현

대의 학습이다.

나이나 분야도 상관없고 전문가나 아마추어의 구분도 없으며 자신의 흥미만 가지고도 배울 수 있는 환경이 모든 사람에게 펼쳐져 있다. 일본의 초등학생도 성인과 마찬가지로 미국 대학의 수업을 동영상으로 볼 수 있고, 알마 도이처도 필요할 때는 소셜 네트워크 서비스인 스카이프Skype를 통해 전문가의 지도를 받는다. 기술이 발달하면서 과거에는 불가능했던 일들을 간단히 할 수 있는 것이다.

혼자라면 흥미를 느끼지 못해 공부하지 않았을 분야까지 가르쳐주는 것은 학교의 장점이며, 많은 사람을 만나고 매일 얼굴을 볼 수 있다는 점도 좋다. 중요한 건 학교에서 배우든, 집에서 배우든 타인의 강요가 아니라 자신의 관심사에 맞게 스스로 배우면 누구나 즐거움을 찾을 수 있다는 점이다.

학교에 가지 않고 재미를 따라 학습하더라도 그 깊이와 영역은 반드시 확장된다. 그렇게 서서히 파고들어 하나의 일을 충분히 익히고 나면 학습법을 습득할 수 있다. 그리고 또다시 다른 대상에 흥미가 생겼을 때 같은 열정과 방법으로 해낼 수 있다. 이것이 한 가지 일을 잘하는 사람이 다른 일도 잘해내는 이유다.

외부 세계가 규정한 '분야'라는 가설에 집착하지 말아야 한다. 무엇을 하고 싶은지 자신의 마음속을 들여다본 다음 원하는 대상에 관해 조사하고 학습할 준비를 하면 된다. 인생에 정해진 교과서는 없다.

○

같은 경기장에 선
다섯 살 아이와 일흔 살 어른

　　　　　　지금은 스트레스 없이 즐겁게 배우는 것이 가장 좋은 학습법이라는 사고가 유행하는 신기한 사회다. 역시 오늘날 학습은 다섯 살 아이의 배움 같은 것이다. 그렇지만 정말 어린아이처럼 즐겁게 공부하는 게 가능한 일일까?

　아이들에게는 경험이 없다. 세상에 100가지 일이 있다면 아이들은 1밖에 모르므로 99가지를 배워야 한다. 그래서 우리는 '아이들은 배울 게 많다', '어른은 100 중에 80은 알고 있으니 나머지 20 정도만 배우면 된다', '경험이 80이나 되니 나머지

20은 충분히 해낼 수 있다'는 식으로 무심코 아이와 어른을 구분 지어 생각한다.

'아이와 어른은 필요한 학습의 양이 다르다', '어른은 배울 게 그리 많지 않으니 지금까지 배운 내용을 토대로 어떻게든 해나가면 된다', '이제 그렇게까지 힘들여 배울 필요가 없다'라고 말하는 사람에게 나는 다음과 같은 말을 해주고 싶다.

우리는 인터넷이 발달하면서 확장된 세계에 살고 있다. 아무리 많은 지식을 습득한 어른 앞에도 무한한 미지의 세계가 놓여 있다. 다시 말해, 아무리 대단한 인간도 100 중에 1밖에 모르는 아이와 비슷하다.

남아프리카에는 다양한 부족과 다양한 언어가 있다. 그중에 클릭음(혀 차는 소리_옮긴이)을 사용하는 언어가 있는데 대화 중에 '똑똑' 하고 혀로 만드는 소리가 있다. 그 소리가 귀엽다며 한때 인터넷에서 유행한 적이 있다.

남아프리카 출신의 코미디언 트레버 노아는 이 언어를 사용할 수 있었다. 마침 영국 방송에서 이 특기를 공개했을 때 존경하는 영국의 코미디언 스티븐 프라이는 그 언어에 매료되고 말았다. 일본어를 사용하는 사람이라면 전혀 상상할 수 없는 발성법이기 때문에 나는 '이런 언어도 있구나!' 하고 충격을 받았다.

외국어라고 하면 모두가 영어를 배워야 한다면서 하나의 언어에만 몰두한다. 하지만 잘 생각해 보면 세상에는 수백, 수천 가지의 언어가 있다. 지금은 인터넷에서 검색을 통해 모든 언어를 공부할 수 있다. 외국어는 곧 영어이고 영어만 배우면 충분한 시대는 지났다.

'클릭음 언어는 어떤 느낌일까?' 하고 유튜브에서 알아보는 일이 곧 '배움'이 되는 시대다. 누구나 평생에 모든 걸 배울 수는 없다. 따라서 자신이 무엇에 흥미를 느끼고 어떻게 배울지가 가장 중요하다.

무한 제로가 된 배움의 비용

지금은 어떤 나이대의 사람이라도 다섯 살 아이와 같은 상황에 놓여 있다. 다른 점이 있다면 아이는 앞으로 초등학교에 들어갈 예정이라는 것이다. 학교에는 교과서가 있고, '이것을 하세요'라며 자상하게 지도하는 선생님도 있지만 성인은 그렇지 않다. 따라서 남이 가르쳐주는 일에 익숙해져 있다면 앞으로 당황스러울 수 있다.

춤을 배우고 싶으면 강좌를 선택해 강사에게 배울 수도 있지만 유튜브 동영상으로 여러 가지 춤을 보고 혼자 따라 할 수도 있다. 만약 뜨개질에 흥미가 있을 경우 '뜨개질' 또는 '뜨개 방법'이라는 키워드를 입력하기만 하면 꽤 많은 동영상이 뜰 것이다. 요리 분야에서도 동영상으로 요리 방법을 알려주는 '쿡패드Cookpad'나 '쿠라시루Kurashiru' 같은 사이트와 앱이 많다. 이제 우리는 하고 싶은 일이 있을 때 더 이상 학교에 갈 필요가 없다. 선생님이 필요 없는 것이다. 완전히 획기적이고 새로운 방식이다.

앞으로는 무엇을 하든 쉽게 가르쳐주는 인터넷 사이트가 점점 더 풍부해질 것이다. 배움의 비용이 무한 제로에 가까워진다는 뜻이다. 하고 싶은 일을 자신이 선택한 방식으로 비용을 들이지 않고 배울 수 있다.

이런 상황이 우리를 만능인으로 만든다. 현대인만이 누릴 수 있는 굉장히 큰 즐거움이다. 이런 방식으로 배우는 일이 불안하다거나 '취미'를 하찮게 여기는 감정이나 태도는 배움에 방해가 될 뿐이다.

다섯 살 때는 보는 것과 만지는 것이 모두 학습이었다. 어른 역시 무엇을 하든, 어떤 사소한 일을 하든 배움으로 생각하면 된다. 배움으로 받아들이면 누구나 손쉽게 여러 가지 일에 도전할 수 있고, 이를 통해 제2의 일론 머스크가 될 수도 있다.

○

언제나 다섯 살 아이로
살아가기

    나이 많은 사람들 중에서도 다섯 살 아이처
럼 무척이나 유연한 생활을 하는 사람이 있다. 우선 요로 다케
시는 전혀 잘난 체를 하지 않는다. 도쿄대학 의학부 교수이자
도쿄대학 명예교수로서 그럴 요소가 충분한데도 젠체하지 않
는다. 그런 발상 자체가 없는 것 같다.

    그는 나와 만나면 앉자마자 바구미 이야기를 시작한다. 나비
를 좋아하는 나에게 자신이 좋아하는 벌레 이야기를 할 수 있
어 기뻐서 견딜 수 없다는 듯이 가장 흥미를 느끼고 있는 이야

기부터 꺼낸다. 한번은 바구미 분포의 수수께끼에 관해 정신없이 뜨거운 대화를 나누었을 뿐인데 30분이 훌쩍 지나 있었다.

취미만으로도 매우 바쁘게 생활하는 요로 다케시는 지난번에 만났을 때도 "곤충 표본을 보러 대영박물관에 가야 해서 바쁘네"라고 말했다. 대영박물관에 소장된 동정identification의 기준이 되는 타입 표본과 그가 지닌 표본을 비교하기 위함이었다. 순수하게 좋아하는 벌레에 대해 좀 더 알고 싶어서 바쁘게 생활하는 것이다.

《바보의 벽》을 통해 세간에 인정을 받아 사회에서 자신의 지위를 공고하게 구축한 그가 정말로 원하는 건 바구미다. 오히려 책을 통해 바구미를 연구하기 위한 자금을 마련하고 있다고도 할 수 있다. 전자현미경을 보는 일이 행복하다고 말하는 그는 요전에도 제조회사인 히타치에서 개인이 살 수 있는 주사전자현미경이 출시되었을 때 사진을 찍을 수 있게 되었다며 기뻐했다.

이것이야말로 다섯 살 어린아이의 에너지다. 다섯 살 아이가 공룡 박사가 되어 '○○사우르스가 어쩌고저쩌고' 하며 재잘대는 것과 다르지 않다. 세상이 어떻게 받아들일지, 앞으로 어떤 일에 활용할지, 어떻게 도움이 될지 등은 전혀 상관없이 몰두할 수 있는 것이다.

지성의 거인은 집착하지 않는다

요로 다케시는 강연이 시작될 때까지 무엇을 이야기할지 정하지 않는다. 나 역시 강연회와 관련해서 "선생님, 무슨 말씀을 하실지 미리 알려주세요"라는 말을 가장 싫어한다.

청중과 나의 사이를 주선한 주최자 입장에서는 실전에서 곤란한 일이 발생하지 않도록 내용을 먼저 알고 싶을 것이다. 하지만 그러면 청중들의 얼굴을 보고 그들에게 맞는 이야기를 할 수 없다. 또 당일에 가장 신선한 소재를 제공할 수도 없다.

세상은 어떤 일이 일어나기 전에 미리 파악해 두려는 경향이 강하다. 그런데 요로 다케시는 '몇 월 며칠에 강연에 와주세요'라고 요청받으면 입버릇처럼 '아, 살아 있으면 가겠소'라고 말한다.

확실히 누구나 그때까지 살아 있을지는 한 치 앞도 알 수 없다. 또 어떤 일을 미리 예상하거나 예정된 결말대로 마무리하고 싶지만 불가능할 때도 많다. 어쨌든 요로 다케시의 철학은 세상에는 약속된 사항이 있고 그것도 중요하지만 결국은 어떤 일에도 얽매이지 않겠다는 것이다.

그렇다면 즉흥적인 강연에서 재미있는 이야기를 할 수 있는 비결은 무엇일까? 그의 머릿속에는 매일매일 자신의 관심사를 공부하며 축적한 천 가지, 만 가지의 자산이 있다. 어떤 이야기를 할 때 그 근거가 되는 방대한 양의 소재가 머릿속에 있기 때문에 마음껏 표출할 수 있는 것이다.

비평가 고바야시 히데오의 담당 편집자였던 이케다 마사노부에게서 들은 이야기가 있다. 한 강연회에 갔을 때 사회자가 '고바야시 히데오 선생님은 도쿄제국대학 문학부 프랑스 문학과를 졸업하셨으며 메이지대학 교수를 역임하시고'라며 소개를 시작했다고 한다.

그러자 고바야시가 "쓸데없는 말을 하는군! 지금 당장 돌아가겠소!"라며 크게 화를 냈다고 한다. 이케다는 "청중이 많이 와 있었기 때문에 정말로 돌아가시지는 않았지만 그때 화내시는 모습은 무서울 정도였어요"라며 그날을 회고했다. 고바야시 역시 직함 따위의 요소로 자신을 규정짓고 사회적 지위에 얽매이기를 정말로 싫어하는 사람이었던 것이다.

직함이라는 조건은 배움을 방해하고 자신을 가둔다. '이제 이것으로 됐다', '현상 유지만으로 충분하다'라는 식으로 작용하기 때문에 새롭거나 즐거운 대상을 접할 기회가 줄어든다. 자신의 흥미를 발판 삼아 계속해서 무언가를 배우는 사람에게는 직함 따위의 '하나의 가설'을 강요해서는 안 된다.

요로 다케시는 연구비에 대해서도 "무슨 도움이 될지 모르기 때문에 연구하는데, 어떻게 처음부터 '이런 일에 도움이 된다'라며 사전에 신청하고 연구할 수 있겠나"라고 말했다.
어떤 조건이나 상황에도 구애받지 않고 행동하는 것이다. 그
들처럼 다섯 살 아이의 열정을 가진 사람은 지성의 거인이라
는 신비함을 지녔다.

○
에피파니와의
만남

어렸을 때부터 나비를 좋아한 나는 줄곧 나비를 찾아다녔다. 하지만 나비 관찰은 생계를 꾸려나갈 수 있을 만큼 돈이 되지도 않고, 나 역시 이 일을 직업으로 삼고 싶은 마음은 없다. 이에 대해 '나비 연구자로 사는 것도 아니고 직업도 안 된다면 헛된 일이 아닐까? 무엇을 위해 지금도 관찰을 하는 거지?'라고 생각하는 사람이 있을 것이다.

이런 의문에 답을 하자면, 일과는 거의 상관없는 활동이지만 나비와 함께 시간을 보내면 활력을 얻는다. 또 나비와 놀다 보면 배울 수 있는 많은 것을 강연이나 책, 뇌과학 연구 등 나비와는 전혀 관계없는 일에 활용할 수 있다.

어렸을 때는 나비가 언제 어디서 날아올지 몰라 항상 신경을 썼다. 어떤 종류의 나비가 언제, 어디서 나타날지 모르기 때문에 항상 채를 가지고 있다가 마주친 순간에 휘둘렀다. 어른이 된 다음부터는 더 이상 나비를 잡지는 않지만 어떤 곳에서 무엇을 하든 혹시라도 당장 나비가 나타날지도 모른다고 생각하면서 주위를 살피는 버릇은 여전히 남아 있다.

이 습관이 다양한 일을 할 때 재미있는 소재를 발견하는 힘이 되어 '이거 재미있겠는데?' 하고 순간적으로 파악하는 데 도움이 된다. 다시 말해, 중요한 대상과 마주쳤을 때 그 가치를 인식하고 순간적으로 잡아낼 수 있다. 나비를 통해 에피파니 epiphanie(계시)를 받는 힘이 길러진 것이다.

최근에 19세기 영국의 귀족 부인 에이다 러브레이스에 관심을 가지게 됐다. 낭만파를 대표하는 시인 바이런의 딸인 그녀가 태어나자마자 바이런은 집을 나가버렸다. 결론부터 말하자면 에이다는 인류 역사상 최초의 프로그래머가 되었다.

인류 최초의 프로그래머가 여성이었음을 알았을 때 바로 '이거야!' 하고 머릿속에서 밝은 빛이 번쩍였다. 그녀를 알고 나면 수학이나 과학, 공학 분야에서 여성이 남성보다 열등하다는 사고가 잘못된 편견이었음을 모두가 깨달을 수 있기 때문이다.

바이런에 관해서는 재미있는 일화가 많다. 바이런의 작품 중에는 〈그녀는 아름답게 걸어요〉라는 유명한 시가 있다. 제목만 봐도 매우 낭만적인 시라는 것을 알 수 있는데, 바이런은 제목과 달리 이 시에 독일 남성 괴테의 모습을 담아낸 것 같다.

가족을 버린 뒤 성별에 상관없이 많은 애인을 사귄 바이런은 그중 한 사람이 '바이런은 미쳤고 악하며, 알면 위험하다mad, bad, dangerous to know'라고 했을 정도로 놀라운 인물이다(참고로 이 정보도 인터넷 백과사전인 위키피디아에서 찾았다).

그래서인지 바이런의 아내는 딸이 남편을 닮지 않기를 바라는 마음에서 딸에게 문학과 예술을 가르치지 않았다. 귀족 여성이라면 문학과 예술이 필수 교양이었지만 에이다 러브레이스는 수학과 과학을 배웠다. 그 결과 이 분야에서 재능을 꽃피워 마침내 인류 최초의 프로그래머가 되었다.

그녀의 가장 대단한 점은 모두가 컴퓨터를 숫자 계산기라고 생각했던 시대에 앞으로 컴퓨터가 그림을 그리거나 음악을 만드는 데 사용될 수 있다고 예측한 것이다. 지금은 당연하게 컴퓨터로 그림을 그리고 작곡도 하고 있지만 맨 처음 그 가능성을 깨달은 사람은 에이다 러브레이스였다.

그녀는 어머니로 인해 아버지와 예술을 멀리하며 성장했지만 그만큼 아버지와 예술을 향해 강렬한 동경을 지니고 있었다. 그녀가 위대한 업적을 남길 수 있었던 건 단순히 머리가 좋았기 때문이 아니라 인생에서 많은 곤란을 겪고 그로 인해 더 큰 동경을 가졌기 때문이다.

바이런은 태어날 때부터 다리가 불편했다. 심리학에서는 사람이 핸디캡을 지닌 경우 그만큼 자신의 욕망을 마음껏 추구하려는 성향이 강하다고 한다. 어쩌면 그런 핸디캡이 바이런의 '알게 되면 위험'한 인격을 만들었을지도 모른다.

나는 지금 에이다 러브레이스를 주제로 한 짧은 이야기를 써서 할리우드 영화의 원작으로 만들고 싶다는 꿈을 키우고 있다. 나는 항상 이런 식으로 무언가 소재를 찾고 있다.

자격증 같은 건 없어도 좋다

사람들은 취미를 위해 열정을 불태운다. 취미가 반드시 직접적인 직업으로 연결되지 않더라도 간접적으로는 힘이 될 수 있다. 따라서 직업이 될 수 있는지의 여부와 상관없이 도전해 보는 게 좋다. 하지만 많은 사람이 제대로 무언가를 해보기도 전에 관련된 '자격증'이나 '검정' 등을 신경 쓴다.

취미라고 해도 어떤 목적을 위한 활동인지 생각하고, 외형적으로 보여줄 무엇을 찾아서 자격을 취득하려고 한다. 남에게 보증을 받지 않으면 의미가 없다고 생각하기 때문이다. 사회에는 자격 비즈니스가 구축되어 있지만 '자격'에 구애받지 않고 해보자. 계속해서 배울 수 있는 힘과 삶의 보람을 느끼게 해줄 것이다.

순수하게 즐거움을 느끼는 일을 해보고 결국에 무엇이 될지 모른 채 계속하다 보면 언젠가 자신의 필살기가 되어 있음을, 자신의 인생을 지탱해 주고 있음을 깨달을 것이다. 요로 다케시의 바구미와 나의 나비가 그렇다.

○
가소성 있는
뇌

'만능인'이 되는 이상적인 학습에 대해 '누구나 그렇게 할 수 있는 건 아니다', '나이가 들어 쇠약해진 사람은 불가능하지 않을까?', '육체의 노화는 어떻게 받아들이면 좋을까?' 하고 의문을 갖는 사람을 위해 '쇠약'의 문제를 다시 생각해 보자. 물론 나이가 들면 못 하는 일이 있다. 하지만 이를 단순히 불편한 일로 받아들여서는 안 된다.

뇌의 회로는 경험에 의해 매 순간 새롭게 연결된다. 그 연결 방식 중에는 우리의 상상을 초월하는 방식도 있다. 뇌의 일부가 외상이나 질병으로 인해 손상을 입어도 또 다른 부위가 재능을 꽃피우기도 한다. 또 어떤 부위가 제 기능을 잃었을 때 다른 부위가 그 기능을 대신할 수도 있다. 이를 가소성이라고 부른다.

이해를 돕기 위해 한 가지 예를 들어보자. 회사에 직원 열 명이 있다. 그중 한 사람이 빠지면 해당 직원이 하던 일을 다른 직원이 해야 한다. 시간이 얼마 지나지 않았을 때는 너무 힘들어 '그 사람이 이런 일을 하고 있었구나' 하고 그 사람의 대단함을 느낀다.

그러다가 아홉 명으로도 보완이 되고 '해보니 내가 이런 일도 할 수 있네'라며 각자에게 자신감이 생기는가 하면 새로운 재능을 발견하는 사람도 나타난다. 지금까지 사용하지 않았던 능력이 자연스럽게 드러나는 것이다.

마찬가지로 뇌에도 많은 회로가 있고 평소에는 역할 분담을 하고 있다. 그리고 특정 회로가 하는 일을 다른 회로는 관여하지 않는다. 여러 회로가 같은 일을 하면 효율이 떨어지기 때문이다.

그런데 다른 회로가 관여하지 않을 뿐이지 그 일을 수행할 수 있는 잠재적 능력이 없는 게 아니다. 그래서 나이가 들거나 질병 때문에 특정 회로가 기능을 잃으면 다른 회로가 그 역할을 할 수 있게 서서히 변한다.

가소성은 '잃어버린 기능을 다른 회로가 대신 담당'하는 것이다. 이는 '특정 회로가 있으면 억제되는 능력이 있다'고도 말할 수 있다. 그 능력 중에는 조합에 따라 그때까지 어떤 회로도 담당하지 않았던 새로운 능력이 있을지도 모른다. 이렇게 생각하면 노화도 질병도 긍정적으로 볼 수 있지 않을까.

잠자고 있던 능력이 깨어나다

나이가 들면서 주의력 같은 인지능력이 떨어지기도 하지만 그로 인해 그림 그리는 재능이 싹트는 사람도 있다. 그때까지 우세했던 언어와 논리를 담당하는 좌뇌 회로의 기능이 떨어지면, 우뇌를 중심으로 패턴 인식이나 이미지 파악 능력이 살아나기 때문이다.

생물은 용불용설이 원칙이므로 일단 살아가는 데 필요 없다고 생각되는 기능은 억제한다. 그러다 특정 기능을 상실하면 필요 기능에 관한 설정이 변하는 경우가 있다. 일반적으로 언어능력이 뛰어난 사람은 말로 다 설명하려고 하지만 말이 서툰 사람은 그림을 그려서 표현한다. 반대로 말하면, 사물을 집요하게 논리적으로 분석하는 사람은 사물을 회화적으로 보지 못하는 편이다.

그림으로 표현하는 것은 말과는 또 다른 멋진 일이다. 자신에게 일어나는 변화를 무조건 비관적으로 받아들이지 말고 자신 안에 잠들어 있는 새로운 능력과의 만남이라고 생각하자.

어떻게 하면 이런 새로운 자신과 좀 더 쉽게 만날 수 있을까? 가소성을 충분히 발휘하는 데 필요한 열쇠는 바로 삶의 의욕이다. 앞 장에서 이야기했듯이 뇌가 '즐겁다', '삶에 도움이 된다'라고 생각할 수 있는 활동을 하면, 뇌에서 보상 물질인 도파민이 분비되어 뇌의 회로들이 새롭게 연결된다.

이를 '강화 학습'이라고 하며, 이 구조를 통해 숨어 있던 능력이 드러난다. 즉, 삶의 의욕과 기쁨에 의해 뇌의 회로가 새롭게 연결되어 새로운 능력이 나타난다. 기쁨이 숨어 있던 또 다른 자신을 고개 내밀게 하는 계기가 되는 것이다.

인생은 변화의 연속이다. 100점짜리 자신을 향해 계속 나아가는 게 아니라 때때로 '선수 교체'의 시기가 찾아온다. 야구 선수도 강속구를 던질 수 없게 되면 변화구로 승부를 건다. 언제나 강속구가 변화구보다 더 대단하다고는 할 수 없다. 변화구 송구가 즐거워지면 야구 선수는 진화한다. 이와 같이 즐거움을 느끼면 삶의 방식도 달라진다.

○
변화는
천천히

앞서 말했듯이 무엇에도 얽매이지 않는 '야
생의 지성', 관계에서 자유로운 '학교 이전의 지성'이 있다. 그
때그때 자신의 주의를 끄는 대상에 열정을 쏟고, 몰입하는 대
상이 계속해서 바뀐다. 어려서는 누구나 그랬다. 성장하면서
어느새 그 느낌을 잊어버리지만 말이다.

　관계에 의존하지 않고 철저하게 혼자가 된다는 건 자기 외의
어떤 것도 아님을 뜻한다. 그래서 사람들은 불안한 마음에 빨
리 무언가가 되기 위해 애쓰고 타인이 인정하는 지위를 얻으려

고 한다. 그러나 사람은 이 불안을 뛰어넘는 호기심을 가질 수 있다. '지금 이 순간'을 진지하게 받아들이자. 변화를 두려워하지 않아도 된다.

또 하나 중요한 점은 변화는 서서히 일어난다는 것이다. 얼마 전, 여든두 살에 애플리케이션 '히나단Hinadan'을 개발해 전 세계의 주목을 모은 와카미야 마사코를 만났다. 그분은 정말 소녀 같았다.

처음에는 그녀가 시중 은행에서 일하다가 정년퇴직 후 80대가 되어서 아이폰 앱을 개발한 줄 알고 초인적이라는 인상을 받았다. 하지만 이야기를 들어보니 어느 날 갑자기 앱을 개발한 게 아니라 20년 전 PC 통신 시절부터 프로그래밍을 해왔던 것이었다.

누구나 밑바탕이 필요하다. 만능인이라는 이상적인 이야기를 했지만, 관계와 상황에 구애받지 않는 야생의 지성을 익히는 데도 단계가 있다. 어느 날 갑자기 요로 다케시나 와카미야 마사코가 될 수 있는 게 아니라는 말이다.

그들의 일화를 읽고 '나와는 완전히 다른 사람들이네. 근본부터 다르다'라고 생각하며 실망했을 수도 있다. 그러나 뇌의 가소성을 생각하면 애초에 다른 게 아니라 누구나 습관을 길러 점점 강화해 가는 것이다. 그때그때 자신에게 필요한 걸 찾아서 스스로 채워나가면 된다. 이는 이상적인 삶의 방식이다.

이를 위한 첫걸음으로 예컨대 오늘부터 신문과 텔레비전 등의 매스미디어가 제공해 주는 정보를 그대로 받아들이던 수동적인 자세를 버리고, 하루에 한 가지 동영상 또는 영문 위키피디아 보기에 도전해 보는 건 어떨까? 지금까지 자신이 한 번도 해보지 않았고 조금은 자신에게 도전이 될 만한 일을 추천한다.

영어가 너무 어렵다면 요즘에는 BBC나 CNN의 뉴스가 곧바로 번역되어 자국어판으로 공개되고 있으므로 이를 검색해 보는 일도 좋겠다. 같은 뉴스라도 보도 방식이 다르기 때문에 그 차이를 알면 또 다른 즐거움을 얻을 수 있다. 꽤 정확도가 높아진 구글 번역 기능을 사용해서라도 한번 읽어보자. 이 시도만으로도 변화는 시작될 것이다. 한순간에 만능인의 고지로 비상하는 일은 누구에게나 어렵다. 서서히 이륙을 준비하자.

» 3장 핵심 내용

◦ 21세기는 제2의 르네상스다.

◦ 인터넷이 발달하면서 지식의 경계선이 무너지고 지식의 양에서 어른 과 아이의 차이가 없어졌다.

◦ 자신이 좋아하는 일을 즐기면서 배우면 만능인이 될 수 있다.

◦ 언뜻 보면 도움되지 않을 것 같은 공부도 나중에 반드시 비장의 카드 로 쓰인다.

◦ 뇌는 일부가 손상되면 다른 부위가 그 역할을 대신하는 '가소성'을 지 녔다.

◦ 변화는 즐겁다. 천천히 변화해 가면 된다.

» 나를 변화시키기 위해서는

◦ 교과서나 선생님을 찾지 말고 혼자서 배워보자.

◦ IT나 AI 등 최신 기술을 적극적으로 활용해 하고 싶은 일을 해나가자.

◦ 중요한 대상을 만나면 빠르게 포착하자.

◦ 하루에 하나 정도 새로운 도전을 해보자.

당신은 자신의 뇌를 모른다

°
깨달아야 할
뇌의 욕구

만능인이 되기 위해서는 자신의 욕구를 깨달아야 한다. 만능인은 자신의 부족함을 깨달아 스스로 영양을 공급하고, 뇌를 고르게 사용함으로써 원숙해질 수 있는 사람이기 때문이다.

'그때그때 자신의 욕구를 자각'하는 일은 '오늘 무엇을 먹을까?' 하고 자신에게 묻는 일과 비슷하다. 지금 당신은 무엇을 먹고 싶은가? 이 질문에 'ㅇㅇㅇ이 먹고 싶다'라고 선뜻 말할 수 있을 때도 있고, 바로 답을 하지 못하고 이전에 무엇을 먹었는

지 생각한 다음 이런저런 종류를 계속 먹었으니 '이번에는 ○○
○을 먹자'라고 결정할 때도 있다.

'왠지 오늘은 생선이 먹고 싶다', '오늘은 꼭 고기를 먹어야
지', '채소 요리를 준비해야지' 하고 지금 몸이 무엇을 원하는
지 바로 알 때도 있고, 다소 시간이 걸릴 때도 있다. 어느 쪽이
든 매일의 식사에 대해서 우리는 비교적 몸의 요구에 귀를 기
울이는 편이다.

몸뿐 아니라 뇌 역시 욕구가 있다. '지금은 쉬고 싶다', '산책
하고 싶다', '집중해서 일을 하고 싶다', '누군가와 대화하고 싶
다', '영화를 보고 싶다', '음악을 듣고 싶다' 등 다양한 욕구가
있다.

이런 욕구는 뇌가 자신에게 부족한 걸 깨닫고 균형을 맞추려
고 노력하는 소리다. 이 같은 욕구를 깨닫고 자신의 뇌가 무엇
을 원하는지 이해하자. 뇌의 욕구를 자각하는 일은 영원히 계
속 배울 수 있는 뇌를 만드는 데 꼭 필요하기 때문이다.

지금 몸에 '○○ 영양이 부족하므로 ○○을 먹어야겠다'라는
욕구가 '몸이 원하는 것'이라면 '지금 나에게 ○○ 요소가 부족
하므로 ○○을 원한다'는 '뇌가 원하는' 것이다. '뇌가 ○○을 원
한다'는 사실을 깨달았을 때는 원하는 것을 주기만 하면 된다.

'○○을 하고 싶다'는 성인의 욕구는 생각보다 훨씬 복잡하

다. 다섯 살 아이는 대뇌피질이 발달 과정에 있기 때문에 욕망에 충실히 행동하는 데 매우 뛰어나다. 반면 어른은 사회에서 얻은 다양한 경험과 완성된 대뇌피질로 인해 욕구와 감정을 제어하는 기술을 한 번 배우면 자신이 무엇을 원하는지 쉽게 깨닫지 못한다.

'한번 해보고 싶다'라는 생각이 들어도 다양한 경험이 있는 만큼 '이전에 했을 때 잘 안 되었으니 그만두자', '어려울 것 같으니 안 하는 편이 좋겠다', '돈이 들 것 같으니 그만두자', '바쁘니 하지 않는 게 좋겠다' 등의 생각이 동시에 일어나는 경우가 있고, 한편으로는 하루하루 일상에 쫓겨 '하고 싶다'는 생각을 억누른 채 생활하는 사람도 있다.

o

명령 뇌와
복종 뇌

　　뇌에는 '명령 뇌'와 '복종 뇌'가 있는데, 우리는 이들로 구성된 자신의 두뇌를 잘 조절하는 교관이 될 필요가 있다. 먼저 명령 뇌와 복종 뇌의 관계부터 알아보자.

　나는 어렸을 때부터 달리기가 하루 일과였다. 아무리 힘든 일이나 걱정이 있어도 달리는 동안 경험과 생각을 정리하면서 한결 개운해지는 경험을 해왔다. 그래서 일이 쌓여 있어도, 아니 일이 쌓여 있을수록 간절히 달리고 싶어 하는 뇌의 욕구를 느낀다. 이것이 욕구를 드러내는 뇌, 즉 '복종 뇌'의 소리다.

명령 뇌는 그 소리를 듣고 '어쩔 수 없네. 오늘은 30분만이야' 하고 업무 시간을 조정한다. 그러면 복종 뇌가 '야호!' 하며 기뻐한다. 이렇게 '복종 뇌'의 소리를 잘 듣고 생활 속에서 조금이라도 해결할 수 있는 방법을 찾으면 한층 더 행복한 삶을 살 수 있다.

때때로 조금 복잡한 상황이 벌어지기도 한다. 나의 '명령 뇌'는 오랜 세월 '복종 뇌'와 관계를 잘 유지해 온 만큼, 달리고 싶어 하는 '복종 뇌'의 욕구를 잘 알고 있다. 따라서 더운 날에도 나의 '명령 뇌'는 '오늘도 달리자'라고 말하는데, 이번에는 '복종 뇌'가 '뭐? 오늘은 더워서 싫은데'라고 반응한다.

'복종 뇌'는 하고 싶으면서도 '하기 싫다'고 말한다. 모두 이런 경험이 있을 것이다. 이럴 때 나의 '명령 뇌'는 어떻게 할까? '더워서 힘들겠지만 역시 뛰는 게 좋겠어. 달리고 나면 달리기 전보다 기분이 좋아진다는 걸 알고 있잖아. 사실 너도 달리고 싶지? 자, 3킬로미터만 달려볼까? 거리는 짧지만 평탄한 길 말고 비탈이 있는 곳을 택하면 꽤 좋은 운동이 될 거야. 그리고 결국에는 달리기를 잘했다고 생각할 거야'라고 '복종 뇌'가 타협할 만한 제안을 하며 설득한다.

그 결과, '명령 뇌'가 필사적으로 고심한 제안을 '이렇게 더운데 언덕을? 하지만 3킬로미터만? 그 정도라면 달려도 좋겠는데. 알았어' 하고 '복종 뇌'가 받아들이면서 매일 달리는 일상이 가능해진다.

자신의 뇌를 잘 조절하는 교관이 되어 '나의 뇌는 무엇을 원하는지'를 잘 듣고 '나의 뇌에 지금 ○○을 어떻게 공급하면 좋을까'를 판단한다면 언제까지나 계속해서 배울 수 있다. 이와 같이 판단하는 명령 뇌와 욕구를 드러내는 복종 뇌의 관계를 다르게 말하면 의식과 무의식의 관계라 할 수 있다. 이 관계에서 의식은 뇌를 돌보는 쪽이고, 무의식은 돌봄을 받는 쪽이다.

의식은 무의식의 소리를 듣고 무엇을 제안할지 궁리한 다음 '○○을 줄 테니 생각해 봐'라고 말한다. 그러면 무의식은 일단 '알았어'라고 말한 다음 의식이 제안한 것에 대해 생각하고 잠시 후 '○○을 하고 싶은데 어때?'라고 답한다. 그러면 '꽤 좋은데, 그렇게 하자'라거나 '조금 더 어려운 것도 할 수 있지 않을까? 이건 어때?'라며 의식과 무의식이 조율해 간다. 이를 통해 뇌는 스스로 배움을 계속 이어나갈 수 있다.

하지만 현대에서는 '명령 뇌'인 의식이 우세해 무의식을 전혀 돌보지 않거나 완전히 억제하는 사람이 많다. 현대인은 자기 뇌의 욕구, 즉 무의식의 목소리를 듣는 데 매우 서툴다. 자신의 무의식이 보내는 소리보다 '○○이 옳다'라는 사회 통념이나 선생님 또는 교과서의 가르침을 중요하게 여긴다. '이것이

옳으니까 무의식의 욕구 따위를 맞춰줄 필요가 없다'라고 생각한다. 평소에 우리는 무의식의 소리에 얼마나 귀를 기울이고 있는지 생각해 볼 필요가 있다.

○
개성을 살리는
나만의 정답

나는 라인 블로그에서 '우리의 뇌, 무엇이든 물어보세요'라는 코너를 운영하며 다양한 사람을 상담해 주고 있다. 한번은 한 회사원이 이런 고민을 털어놓았다.

"이직을 고려하고 있는데 주변 사람들이 정규직을 구하라고 합니다. 정규직 사원이 되어야겠다고 생각은 하지만 몸이 움직이지를 않네요. 어떻게 해야 할까요?"

이럴 때 나는 '정규직을 구하는 게 옳아요'라고 도저히 말할 수 없다. 세상에는 정규직 사원이 되는 사람도 있고 되지 않은 사람 혹은 되지 못하는 사람도 있다. 따라서 '정규직 사원을 택하세요'라는 처방전은 정답이 아니다.

나는 "자신의 개성을 살리세요"라고 답하고 싶다. 개성은 사람마다 다르지만 개성을 살리는 건 누구에게나 좋은 일이고, 누구든 할 수 있기 때문이다. 하지만 이 대답은 너무 추상적일 수 있다. 좀 더 구체적으로는 '자신의 소리 듣기가 중요하므로 그 훈련을 하자'라고 말할 수 있겠다.

사실 '정규직 사원이 되어야겠다고 생각은 하지만 몸이 움직이지 않는다'는 말에 이미 해답이 들어 있다. '몸이 움직이지 않는다'는 자체가 그 사람의 뇌가 들려주는 대답이다. 무의식이 '나는 정사원을 위해서는 움직이지 못하겠어'라고 말하고 있는 것이다.

그 소리를 무시하지 말자. 일단 받아들인 다음 쉬어도 좋고, 전혀 상관없는 일을 하면서 어떤 일을 하면 자신의 몸이 반응할지 알아보는 것도 좋다. '이것일까?', '아니, 저게 아닐까?' 하고 의식과 무의식이 대화를 반복하다 보면 하고 싶은 일이나 할 수 있는 일이 보일 것이다.

우리는 무의식의 소리를 쉽게 인식하지 못하기 때문에 혼란을 겪는다. 이럴 경우에는 '개성을 살리기' 위해 주변 사람의 의견을 들어보는 일도 중요하다. 그들의 말에 자신이 어떻게 느끼는지, 어떤 반응을 하는지 살피는 일도 도움이 되기 때문이다. 이 행위 역시 자신의 소리를 듣는 것이다.

사람에 따라 적합한 일은 다르다. 따라서 주위에서 '정규직이 좋다' 혹은 반대로 '프리랜서가 좋겠다'라고 해도 각각에 자신이 어떻게 반응하는지를 보지 않으면 자신에게 맞는 정답을 찾을 수 없다. 적어도 나는 판단을 내릴 수 없다.

한편 '공부는 아침에 하는 게 좋습니까?'라는 질문도 자주 받는다. 이에 대해서도 나는 '사람에 따라 다르다'고 말한다. '아침에 공부하는 게 좋다'는 연구 결과가 있지만 여러 가지 사정으로 아침에 공부 시간을 갖지 못하는 사람도 존재한다. 아침에 못 한다고 해서 공부를 하지 않기보다는 자신이 할 수 있는 시간에 하면 된다.

하고 싶은 공부가 있다면 5분이든 10분이든 할 수 있는 시간에 하자. 분명히 투자한 만큼 얻을 수 있다. 그런 의미에서 세간의 방식을 따르기보다 자신의 소리에 귀 기울이고 자신의 사정에 맞는 방식으로 하는 편이 훨씬 효과적이다.

균형을 맞추는 뇌

나는 어떤 경우에도 그 사람에게 적합한 형태로 처방전을 내려고 노력한다. 주로 다음과 같은 처방전을 자주 내는 편이다.

"새로운 도전을 해보는 게 좋겠다.""아직 사용해 보지 않은 뇌의 회로를 찾아 관련된 일을 해보는 게 좋겠다." 이는 누구에게나 해당되는 보편적인 방법이다. 하지만 여기서 말하는 '새로운 도전'의 내용은 사람에 따라 다르다.

사람들 앞에서 말해본 경험이 거의 없는 사람이 많은 청중 앞에 서는 도전은 권장할 만한 일이지만, 나의 경우는 매우 익숙한 일이기 때문에 그렇게까지 좋은 도전이라고 할 수 없다. 또한 아무리 지금까지 해보지 않은 일이라도, 예컨대 '서핑은 좋은 운동이다. 해보면 어떨까?' 하고 권해도 나는 지금 이 순간 서핑에 관심이 없을뿐더러 신체상으로도 적합하지 않기 때문에 도전 목표로 삼기에 곤란하다.

'관심 있는 대상 가운데 아직 해보지 않은 일에 도전해 보자' 라는 표현이 정확하다. 올바른 처방전은 물에 비유할 수 있다. 그 사람의 개성과 상황에 맞게 정답은 어떤 형태로든 바뀔 수 있다. 물이 그릇에 맞춰 형태를 변화시키듯 자기에게 맞춰 자신의 뇌가 해야 할 일도 달라지는 것이다.

뇌가 해야 할 일을 어떻게 찾을 수 있을까? 가장 먼저 '나의 뇌가 무엇을 원하는지 들을 수 있는 사람이 되어야 한다. 예컨대 지금의 나는 인도네시아 정글에 가서 자연을 느끼고 싶다. 무성하고 다채로운 자연 한가운데에 들어가는 것이다. 매일 도쿄에서 많은 사람을 만나고 트위터 같은 SNS를 통해 빠르게 대화하며 즐거운 날들을 보내고 있지만 좀 더 천천히 움직이는 자연을 보고 싶다.

인도네시아의 정글은 현재의 도쿄와 전혀 다른 환경이며 내가 사랑하는 나비들의 보고다. 나비 말고도 다양한 동물과 신비로운 새들이 있다. 그런 자연을 경험하고 싶다는 욕구는 아주 좁은 영역에서 움직이고 있는 현재 나의 생활에 균형을 맞추려는 뇌의 활동이다.

너무 많이 놀면 일을 하고 싶어 안달이 나고, 일을 너무 많이 하면 놀고 싶어진다. 뇌의 욕구를 따르면 아주 적절히 균형을 잡을 수 있다. 자신이 원하는 걸 깨닫고 그것을 잘 실행해 나가면 뇌는 자연스럽게 건강을 유지한다.

○

무의식이 보내는
편지

　　　자신의 욕구를 쉽게 자각할 수 있는 방법 한
가지가 있다. 비교적 편안하게 어떤 일을 하고 있을 때 '왜 지
금 이게?'라는 식의 현재 상황과는 전혀 관계없는 무언가가 떠
오른 적이 있을 것이다.

　자신이 의도하지 않았던 그 '무엇인가'가 바로 무의식이 보
내온 편지다. 긴장을 풀고 있었기 때문에 디폴트 모드 네트워
크가 활성화되면서 머릿속에서 새로운 연결이 일어나 무의식
이 '명령 뇌'에 편지를 보내온 것이다.

만약 갑자기 아무 맥락도 없이 특정한 사람이 생각나거나 자기 안에서 어떤 일이 생생히 되살아났다면 그것에 주의를 기울이자. '나의 무의식이 무엇을 말하고 싶어 하는 걸까?' 하고 잘 생각해 보는 것이다.

이는 현재의 인생에 주는 암시이거나 다음 단계로 나아가야 할 방향을 제시하는 경우일 수 있다. 몸이 자연스럽게 부족한 영양소를 원하는 것과 같이 뇌가 기억을 정리하다가 지금 당신에게 부족한 부분을 찾아낸 것이다. 따라서 무의식이 보내는 편지에 잘 대응할수록 삶이 더 풍요로워지고 건강해진다.

현대는 자신의 의견을 분명히 말하거나 행동할 수 있는 사람이 멋있다는 가치관이 우세해 무의식에 대한 통제를 당연하게 여긴다. 무의식은 거의 소리를 내지 못하는 처지에 놓여 있다. 우리는 무의식이 신호를 보내온다고 해도 바로 알아채는 데 능숙하지 않다. 따라서 미리 사전에 그 신호를 잘 들을 수 있는 연습을 해야 한다.

과거에 나는 임상심리학자 가와이 하야오와의 대담에서 내가 꾼 꿈에 대해 이야기한 적이 있다. 《마음과 뇌의 대화》에도 나오는 내용이다.

"꿈에서 여행을 하는데 버스 안에 대여섯 살 정도의 어린 여자아이가 타고 있었습니다. 붉은 옷을 입은 그 아이가 누구인

평소 의식적 상태

무의식의 소리를 들을 때

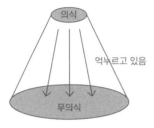

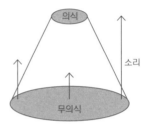

의식이 더 넓은 무의식을
억누르고 있다.

의식의 억제를 풀고
무의식의 소리를 귀 기울여 듣는다.

지 전혀 짐작이 가지 않습니다."

내가 이렇게 말하자 가와이가 답했다.

"그것은 현재 모기 씨가 안고 있는 과제인 듯합니다."

'6세의 여자아이가?' 당황스러운 나를 두고 그는 말을 이었다.

"버스 안에 붉은 옷을 입은 여자아이가 있고 게다가 대여섯 살 정도였다니 지난 5, 6년 사이에 모기 씨 마음속에 무엇이 자리하고 있었는지 생각해 보면 좋겠네요. 혹시 5, 6년 전에 새롭게 시작한 일이 없었나요? 만일 그동안 자기 안에서 무언가가

자랐다는 사실을 깨달았다면 이번에는 그걸 어떻게 키워나갈지 생각해 보죠. 그렇게 무의식의 과제를 잘 다루면 인생은 배로 즐거워질 겁니다."

확실히 현실에 있는 과제뿐만 아니라 무의식의 과제까지 풀어나간다면 의식과 무의식의 두 세계를 살면서 인생은 두 배로 즐거워질 것이다.

매 순간 눈과 귀, 코와 혀, 피부, 근육, 내장에서 방대한 양의 정보가 뇌로 흘러간다. 그중에 극히 일부만이 인식되고, 그 일부에 불과한 의식이 무의식을 지배하며 평소 제 세상인 양 행동하는 것이다. 지금 이 순간에 의식하는 것만이 자신의 전부가 아니다. 과거에 경험한 것들 대부분은 무의식 쪽에 있다. 따라서 가끔은 의식이 무의식 쪽으로 다가갈 필요가 있다.

○
뇌의
위험 징후

'나는 무엇을 해야 할까?'라는 질문에는 다른 사람이 답을 해줄 수 없다. 분명 스스로 깨달아야 하는데 쉬운 일은 아니다. 당신은 자신의 인생을 주도하고 있는가? 자신의 욕구를 깨닫고 있는가? 이를 판단할 수 있는 뇌의 위험 징후 다섯 가지가 있다.

첫째, 매일 무사히 잘 살고 있는 느낌이 든다

의외라고 생각할지 모르지만 안정적으로 살고 있다는 느낌이

든다면 자신이 주체가 아닌 삶을 살고 있을 가능성이 크다. 삶의 안정감은 오히려 하나의 위험 신호로 볼 수 있다.

'최근에는 살면서 크게 애쓸 필요가 없어졌다. 일이 순조롭게 진행되어 기분이 좋다. 평화롭다'라고 느끼는 잔잔한 상태는 반복되는 일상 속에서 뇌가 정해진 회로만을 사용해 인생이 고착화하는 과정에 있다는 뜻이다.

우리에게는 아직도 사용하지 않은 많은 회로가 있다. '이제는 현재 상태를 유지하는 것으로 충분하다'라고 하면서 자신의 또 다른 욕구를 무시하거나 억제하고 있지는 않은지 생각해 보자.

둘째, 너무 바쁘다

반대로 너무 바쁘게 지내는 것 역시 위험하다. 대부분 직장에서건 집에서건 바쁜 원인이 되는 단일 회로만을 사용하기 때문이다. 공원 산책하기와 같이 잠시라도 좋으니 휴식 시간을 가지자.

안정적인 상태나 너무 바쁜 상태가 특히 위험한 이유는 특정 상황이나 관계만 존재하기 때문이다. 하나의 상황이 뇌를 지배해 뇌가 욕구를 표출하지 못하는 상태에 빠져 있는 것이다. 밖을 둘러보거나 산책을 하는 등 지금 상황과는 다른 행위를 해보면 많은 욕구가 잠재되어 있다는 사실을 깨달을 수 있다.

셋째, 최근에 불안하거나 가슴이 두근거린 적이 없다

불안하거나 가슴이 두근거린 적이 없다는 건 새로운 일에 도전하지 않고 새로운 상황을 마주하지 않는다는 의미다. 자신의 인생을 주도하고 자신의 욕구를 따르는 일에는 정답이 없다. 따라서 불안을 느끼는 건 당연하다.

넷째, 타인의 질문에 '아무거나 괜찮다'라고 말한다

'어디 가고 싶어?', '뭐 먹고 싶어?'라는 질문에 '아무거나 괜찮아', '어디든 좋아'라고 답한다면 이것 역시 자기 뇌의 욕구를 느끼지 못하게 되었다는 증거다.

'○○○ 레스토랑이 있는데 어때?'라는 제안에 대해 '어디에 있어?' 또는 '어떤 음식이 나와?'라고 묻지 않고 항상 '난 아무래도 괜찮아' 하며 넘긴다면 자신의 욕구를 억제하고 있거나 더 이상 무언가를 원하지 않게 된 것일 수도 있다.

다섯째, 같은 행위를 반복한다

음악을 들을 때도 한 곡만 반복해 듣는다면 위험한 징조다. 좋아하는 음악, 좋아하는 영화, 좋아하는 책을 반복해서 찾는 건 물론 나쁘지 않다. 대개 '고전'이라고 불리는 작품은 몇 번을 보거나 들어도 새로운 발견을 할 수 있고 배울 수 있기 때문이다. 단, 이미 자신이 좋아한다고 인식하고 있는 대상만으로 생활을 해나가고 있다면 사실상 호기심을 잃어버렸거나 자신의 욕구를 깨닫지 못하게 된 것이다.

무엇보다도 기존에 반복하던 일과 새로운 일의 균형이 중요하다. 습관을 포기하라거나 같은 일을 계속하면 절대로 안 된다고 말하는 게 아니다. 익숙한 것과 익숙하지 않은 것의 균형을 고려하자는 말이다. 안정과 불안이 균형을 이뤄야 뇌가 성장할 여지가 생긴다. 안정만 유지한다는 건 도전하지 않는다는 증거다. 반대로 전혀 안정을 느끼지 못하는 사람도 새롭게 도전하기는 어려운 법이다.

어린아이가 새로운 장난감을 가지고 놀거나 모르는 사람에게 흥미를 느끼고 낯선 세계를 탐색하는 일은 엄마(혹은 자신을 지켜줄 존재)가 있을 때 가능하다는 실험 결과도 있다. 위험하면 언제든 엄마에게 돌아갈 수 있다는 걸 알고 있기 때문에 엄마 앞에서는 아이가 용감할 수 있다는 것이다.

어른도 마찬가지다. 지금의 습관과 환경을 버팀목 삼아 자신의 욕구에 귀를 기울인다면 새로운 일에 도전하고 자신의 인생을 주도해 나갈 수 있다.

○
소중한 것은
항상 나중에 깨닫는다

　　의식이 우세한 시대에 자신의 욕구를 깨닫
기 위해서는 무의식이 보내는 편지를 읽는 방법도 있다고 말했
다. 이따금 무의식이 보내는 신호를 알아차리는 것은 '의식의
힘이 미치지 않는 기억의 처리'에 의존하는 방법이다. 앞서 말
했던 '의식적으로 생각해 내는' 일 역시 무의식의 소리에 민감
해지는 데 도움이 된다.

　2017년에 영어로《The Little Book of Ikigai》라는 책을 냈을
때 반가운 일이 있었다. 나는 그 책에서 영국 케임브리지에서

유학하던 시절을 소개했는데, 나의 은사인 호러스 발로 교수의 집에 초대받아 갔다가 보았던 의자 이야기를 썼다.

그의 집에는 내가 보기엔 별 볼 일 없는 의자 하나가 있었다. 발로 교수는 이 의자에 대해 "어렸을 때 아버지가 나를 위해 만들어준 의자라네. 내게는 감정적인 가치가 있는 물건이지"라고 말했다.

다른 사람이 보면 아무것도 아닌 물건에 누군가는 매우 소중한 가치를 두는 경우가 있다. 나는 책에서 그의 의자를 일본인의 '이키가이ikigai(삶의 보람)' 같은 존재라고 설명했다. 일본인에게 '삶의 보람'이란 사업이 크게 성공하거나 누구에게나 자랑할 만한 가족이 있음을 뜻하는 게 아니라 사소한 일상에서 느끼는 감정이다.

시장에 내놓으면 10파운드도 못 받을 덜컹거리는 의자를 발로 교수가 세상에 둘도 없는 의자라며 소중히 여기듯이 많은 일본인이 매일 아침 커피 한 잔을 마시거나 개와 산책하면서 삶의 보람을 느낀다(그런 의미에서 일본인은 타인이 정의하는 '성공'에 사로잡히지 않고 자신의 '취향'을 소중히 여기는 사람들이라 하겠다).

한 독자에게서 "이 책을 읽고 제가 어렸을 때 아꼈던 인형을 친정에 가서 찾아오기로 했어요"라는 말을 들었다. 어릴 때는 늘 함께 있던 인형과 장난감이지만 어른이 되면 흥미를 잃어버리기 마련이다. 오히려 세월이 흘러도 인형에 관심을 보인다면 이상하게 보일 수 있다. 하지만 그녀는 다시 기억해 낸 인형을 앞으로 계속 곁에 두겠다고 말했다.

지금의 자신이 잊고 있던 오래전 인형의 존재야말로, 그리고 현재의 자신이 하찮게 여기는 존재야말로 다시금 함께 생활해 보면 자신을 변화시키는 계기가 될지도 모른다. 우선 그 존재감 때문에 어렸을 때 있었던 일들이 떠오를 것이다. 물건 자체가 지닌 힘이 영향을 미친 결과, 아주 오래전 일들이 고구마 줄기처럼 계속해서 떠올라 현재의 생활에 필연적으로 파고들 것이다.

뇌는 특정 '사물'이 앞에 있으면 쉽게 기억을 떠올리는 속성이 있다. 하지만 현대는 디지털 시대이자 가상의 시대로, '물건'이 방치되어 있어 생각해 내기가 정말로 힘든 시대다. '실물 따위는 없는 편이 낫다'라고 생각할 정도다. 그렇기 때문에 더욱 의식적으로 추억이 담긴 '물건'과 함께 지내다 보면 과거가 되살아나면서 현재와 연결되어 전체성을 회복시켜 줄 것이다. 무의식 속에 가라앉은 채 깨닫지 못하고 살았던 것들을 끌어내는 것이다.

과거의 '물건'이 이제 남아 있지도 않을뿐더러 '물건'에 의지하는 데 한계가 있다면 매일 의식적으로 자신의 어린 시절 일들을 떠올려보자. 나는 어렸을 때 마을 어른들이 공원에 하얀 시트를 펼쳐놓고 영화를 상영하던 일을 생각하면 기분이 매우 좋아진다. 영사기 빛이 하얀 시트에 고질라를 쏟아냈으며, 그 맞은편에는 놀이 기구가 있었다. 밤인 탓에 시트에 나방이 하나둘 모여들면 아이들이 '와' 하고 함성을 질렀다. 그 분위기는 지금의 영화관에서 얻을 수 있는 경험과는 전혀 다르다.

지금은 사라지고 없는 것이기 때문에 기억을 떠올려야 한다. 우리는 지금 이 순간의 자신으로만 존재하는 게 아니다. 지금 생각하면 상상도 할 수 없는 과거의 자신이 분명히 있다. 기억을 끌어내면 지금의 나와 과거의 나는 하나로 이어진다. 이를 통해 우리는 사물을 한쪽 측면뿐만 아니라 여러 측면에서 볼 수 있다.

○
기억 떠올리기는
뇌의 비타민이다

최근 역 부근의 주스 전문점에서 신선한 과일 주스를 마시면서 '어렸을 때 과일 주스라고 하면 물에 가루를 녹인 것이었는데'라고 생각했다. 그때는 비닐봉지에 들어 있는 가루를 컵에 붓고 수돗물을 채우면 멜론 주스가 완성되었다.

그때를 생각하면 지금과 너무 다르기 때문에 주스를 마신다는 체험에 깊이가 더해진다. 그 결과, 현재의 방법만 절대적인 게 아니라 예전에도 달랐고 앞으로도 변할 수 있다는 사실을 전제로 사물을 보게 된다.

최근에는 버터라이스 생각도 많이 한다. 밥에 버터를 얹고 간장을 뿌린 다음 비벼 먹는 음식으로, 어렸을 때 자주 먹었다. 아주 맛있었던 기억이 있지만 지금은 더 이상 먹지 않는다. 달걀덮밥은 여전히 많은 사람이 즐겨 찾지만 버터라이스는 건강에 좋지 않다는 인상이 강해 식탁에서 사라지기 직전이다. 따뜻한 밥 위에 버터를 올리면 부드럽게 녹아들고 거기에 간장을 뿌려 잘 섞으면 분명 맛이 좋았다. 40년 만에 다시 먹어보면 어떨까?

지금 없는 것을 굳이 생각해 냄으로써 무의식에 주의를 기울이는 일은 뇌의 균형을 잡는 데 중요하다. 균형을 잡는다는 건 사물을 편향된 시각이 아니라 다각적 측면에서 바라보는 것이다. 그 결과, 미래에도 '세계가 이대로 계속 이어질 것이다'라는 식의 사고는 하지 않게 된다. 뇌가 '지금'에 집착하지 않고 자유롭게 욕구를 표출해 지금과 완전히 다른 미래를 그릴 수 있기 때문이다.

의식적으로 생각해 내면 무의식을 해방시켜 발상이 자유로워진다. 따라서 기억을 떠올리는 일은 뇌의 필수 비타민이다. 집중해서 공부하는 것도 뇌에 공급해야 할 필수 비타민 중 하나이지만 우리에게 압도적으로 부족한 비타민은 바로 생각해 내기다.

무의식이 자유롭게 말할 수 있도록 하려면 의식적으로 중립적인 입장에서 다양한 시절을 고르게 떠올리는 게 좋다. 계속 과거의 성공만을 생각하며 자랑하는 게 아니라 버터라이스 같은 아무것도 아닌 추억을 힘들이지 않고도 떠올릴 수 있는 사람은 '생각해 내기의 달인'이다. 힘들었던 일이나 괴로웠던 일, 좋았던 일을 모두 균형 감각을 가지고 떠올려보자.

폐색감, 초조함을 생각해 낸다

요즘에는 책을 내는 일이 일반적이지만 과거에는 그 방법을 전혀 알지 못했다. 지금은 작가인 다케우치 가오루와 함께 출간한《엉터리 과학의 세계》가 나의 첫 책이다. 이 책이 세상에 나오기까지 겪었던 한 치 앞도 보이지 않는 느낌을 최근에는 자주 되살려 내곤 한다.

책을 내고 싶은데 어떻게 하면 좋을지 전혀 몰랐던 과거에 지금은 일러스트레이터가 된 이노우에 지하루와 아침까지 패밀리 레스토랑에 앉아 '산산조각 물벼룩'이라는 제목으로 미생물 책을 내려고 한껏 들떴던 적이 있었다.

하지만 제목을 정한 것만 좋았고 어떻게 하면 책을 팔 수 있을지, 구체적으로 어떤 내용으로 글을 쓸지에 대해서는 전혀 갈피를 잡지 못했다. '산산조각 물벼룩! 제목으로 좋아'라고 말하면서도 사실상 한 권의 책으로 나올 수 있으리라고는 생각하지 못했던 대학생 시절의 폐색감과 초조함을 생각해 내는 일은 지금 나에게 아주 좋은 균형 감각을 가져다준다.

　대학생이 나에게 미래에 관해 상담을 요청했을 때 내가 당시의 기분을 잊고 있었다면 어떤 도움도 줄 수 없었을 것이다. 중립적으로 생각해 내고 자신을 다각적으로 볼 수 있을 때 비로소 다른 사람에게도 힘이 되어줄 수 있다.

○
기억을 꺼내는
오프 시간

일본 개그맨 오타 히카리에게 들은 이야기
다. 그는 고등학생 때 아무 말도 없이 멍하니 창밖을 보곤 했
다. 친구들과 말을 하지도 않고 복도에 서서 잠자코 밖을 내다
보는 학생이었다고 한다. 외부의 자극이 없으면 따분해하는 게
아니라 추억에 잠길 수 있는 오타 히카리 같은 사람들 중에는
창의적인 일에 종사하는 사람이 많다.

나의 친구이자 과학계 인재인 군지 페기오-유키오가 그런
사람이다. 전철이 하루에 한 대만 다니는 곳을 방문했다가 그

날의 전철을 놓친 그는 다음 날까지 그 자리에서 계속 전철이 오기를 기다렸다고 한다.

하루 종일 전철역 플랫폼에서 기다리기가 따분하지 않았느냐고 묻자 그는 "아니, 지루할 리가 없잖아"라고 답했다. 같은 장소에 계속 있다고 해도 생각나는 일, 느끼는 바, 생각할 거리가 많아 스트레스를 받지 않는다는 것이다. 그는 아직까지도 휴대전화를 사용하지 않는다. 요즘 스마트폰 없이 하루 종일 시간을 보낼 수 있는 사람이 얼마나 될까?

문호 우치다 햣켄에게도 이와 유사한 일화가 있다. 《바보 열차》에는 고텐바선으로 갈아타야 하는데 바로 눈앞에서 열차를 놓치고는 두 시간을 플랫폼에서 히라야마 사부로와 함께 기다렸던 모습이 묘사되어 있다. 군지에 비하면 짧은 시간일 수도 있지만, 우치다 햣켄도 멍하게 기다리는 시간을 전혀 따분해하지 않았다.

보통 두 시간 동안 핸드폰도 없이 전철을 기다리면 진력이 나고 짜증스러울 것이다. 그럴 때 편하게 기다릴 수 있을지를 판가름하는 기준은 무의식을 능숙하게 작동할 수 있는지의 여부다.

현대인은 바쁘게 생활하며 항상 정보를 받아들여야 한다고 생각한다. 하지만 누구나 멍하게 있을 때가 필요하다. 가끔은 과감하게 오프off 시간을 만들어야 한다. 마사지 숍이나 뷰티 살롱에 가는 느낌으로 뇌의 마사지 숍, 뇌의 뷰티 살롱에 들러 보는 것은 어떨까. 의식적으로 생각해 내는 시간을 만드는 것이다.

오래 살수록 축적된 과거, 즉 보물이 가득하기 마련이다. 쇼소인正倉院(일본 나라현에 위치한 일본 왕실의 보물 창고_옮긴이)의 보물조차 좀이 먹거나 곰팡이가 피지 않도록 이따금 햇볕을 쬐이고 바람을 쐬게 해준다.

기억도 마찬가지다. 이따금 생각해 내 햇볕을 쬐이자. 숨겨진 욕구를 깨닫고 살아가는 데 힌트를 얻을 수 있을 것이다. 게다가 자신이 풍부한 기억의 소유자라는 사실도 자각할 수 있다.

○

인생을 두 배 더
즐겁게 사는 방법

현대인은 날마다 무리를 하며 살아간다. 해
야 할 일에 쫓기며 현실의 요구와 관계에 대응하고 있다. 이와
관련해 임상 심리학자 가와이 하야오에게 들은 이야기를 소개
해 본다.

만일 돈이 필요한 당신에게 어떤 사람이 돈을 빌려주었다면
당신의 의식은 '이 사람은 얼마나 좋은 사람인가?' 하고 생각한
다. 하지만 무의식은 이미 그 사람의 얼굴이나 분위기를 고려
해 자신이 싫어하는 유형의 인간이라고 판단했을 수 있다. 이

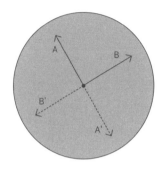

의식이 A에 집중되어 있으면 반대의 A'도 신경 쓰자. B에 집중하고 있다면 B'에도 주의를 기울인다. 그러면 균형을 이뤄 원이 만들어진다.

런 무의식의 소리를 따르면 당신은 돈을 빌릴 수 없기 때문에 무의식의 소리를 애써 무시한다. 그러면 이런 무리한 행동이 꿈속에서 형태를 갖춰 나타난다고 한다.

무의식은 현실 생활에 무리가 있음을 깨닫게 하고 옳은 방향을 제시하며 당신에게 부족한 부분을 알려준다. 의식이 가리키는 방향만 보며 집중하고 있다면 가끔은 무의식의 소리에도 귀를 기울여 반대 방향도 살펴보자. 위의 그림과 같이 당신의 인생이 점점 균형을 찾아가면서 인생이 원만해지고 풍부해질 것이다. 인생을 두 배, 세 배 더 즐겁게 사는 만능인은 지금과 정반대의 방향으로도 변화를 적극적으로 시도할 수 있는 사람이다.

» 4장 핵심 내용

◦ 뇌는 명령 뇌와 복종 뇌 두 종류가 있다.

◦ 뇌의 욕망을 알아채려면 무의식이 보내는 편지에 주의를 기울여야 한다.

◦ 뇌가 성장할 여지는 안심과 불안 사이에 있다.

◦ 과거에 소중히 했던 대상이나 일을 생각해 내면 무의식이 자유롭게 소리를 낼 수 있다.

◦ 과거의 기억을 생각해 내는 일은 뇌에 비타민을 공급하는 것과 같다.

◦ 무의식의 소리를 들으면 변할 수 있고 인생이 더욱 풍부해진다.

» 나를 발전시키기 위해서는

◦ 과거에 '그만두자'라고 포기한 일을 다시 해보자.

◦ 하고 싶지 않은 일을 할 때는 교환 조건을 내걸고 해보자.

◦ 어린 시절에 아끼던 대상을 생각해 보자.

◦ 하루 중 멍하게 있는 시간을 만들자.

생각해 내는 힘이 창의성을 만든다

○
뇌 속의
거대한 도서관

뇌에 축적되어 있는 기억이라는 자산을 하나하나 생각해 내 지금의 의식 속에 선명하게 떠올리면 무의식이 활성화되고, 이로써 의식과 무의식의 균형이 이루어질 때 우리의 뇌는 변한다고 말했다.

무의식의 소리에 귀를 기울이면 무의식은 점점 더 큰 소리를 낼 수 있다. 무의식이 자유롭게 발상하고 의식이 그 발상에 좀 더 주의를 기울이면 뇌는 원숙해져 세상에서 단 하나뿐인 독창적인 뇌로 변한다.

음악 신동 알마 도이처는 줄넘기를 하면서 악상을 떠올렸다. 그녀는 줄넘기로 긴장을 풀고 디폴트 모드 네트워크를 활성화해 무의식에서 얻은 악상을 시간을 들여 의식적으로 다듬고 발전시켜 오페라로 완성했다. 생각해 내는 힘과 창의성은 깊이 연결되어 있기 때문이다.

알마는 드물게 조숙한 경우다. 일반적으로 원숙이라고 하면 중·장년층을 떠올릴지도 모른다. 또한 원숙은 인생이 완성되어 마지막에 가까워지고 있다는 조금은 부정적인 이미지도 내포하고 있다.

그러나 나이 드는 것의 분명한 장점이 있다. 경험이 쌓이고 기억이 풍부해진다. 연장자는 젊은 사람에 비해 기억이라는 많은 재산을 가지고 있는 것이다. 현대인은 나이 먹는 것에 대해 '몸이 약해지고 할 수 있는 일이 줄어든다', '나이가 들면 기억력이 악화된다' 등의 부정적인 이미지를 떠올리지만 사실 창조적으로 살기에는 나이 든 사람이 젊은 사람보다 더 유리하다.

나이 듦이 반드시 약해짐을 의미하지는 않으며, 나이가 들수록 하고 싶은 일이 늘어나 시간이 아무리 많아도 늘 부족하게 느껴지는 삶을 살 수도 있다.

세계적으로 유명한 일본인 화가 가쓰시카 호쿠사이가 대표적인 예다. 에도시대 후기에 살았던 그는 평생 자신의 화풍을 추구하면서도 그 화풍을 계속해서 바꿔나갔다. 하나의 화법을 완성하고 나면 다시 또 다른 방법을 시도하지 않고서는 참을 수 없었던 것이다.

그의 젊은 시기 작품 역시 아무도 모방할 수 없을 만큼 훌륭하지만 그의 열정은 나이가 들수록 점점 더 커져갔다. 큰 물결 너머로 후지산이 보이는 생애 최고의 걸작 〈가나가와 해변의 높은 파도 아래〉는 그의 나이 일흔이 넘어 발표한 작품이다. 이 작품은 지금도 전 세계인들에게 영향을 주고 있다.

인간은 나이가 지긋해졌을 때 창의성을 가장 잘 발현하는 존재일 수도 있다. 창의성을 발휘하는 데 많은 나이가 유리한 이유는 무엇일까? 나이가 많을수록 창의성을 발휘할 수 있는 소재를 많이 지니고 있기 때문이다.

10년을 살았다면 10년만큼, 20년을 살았다면 20년만큼, 50년을 살았다면 50년만큼의 소재들이 뇌 속에 축적되어 있다. 방대한 기억을 뇌의 측두연합영역에 압축하여 저장해 놓은 것이다. 이는 뇌 속에 거대한 도서관이 있는 것과 같다.

창조성은 기본적으로 기억을 재료로 삼아 발현된다(아마 도이처가 어릴 때부터 작곡을 할 수 있었던 이유는 가족의 영향을 받아 음악을 들을 기회가 많아서였을 것이다). 창조란 아무것도 없는 곳에 갑자기 무언가가 만들어지는 게 아니다. 원래 있던 것끼리 연결 방식을 바꿔 새롭게 만들어지거나 원래 어떤 것이 있는 장소에 다른 무언가가 유입되어 퍼즐 조각이 제자리를 찾듯 완성되는 것이다.

그래서 나이 든 사람이 젊은 사람보다 창조적이 되는 데 더 유리하다. 가진 재산이 많으므로 적극적으로 생각해 내기만 하면 된다.

○
창조성은 기억과 의욕의 곱셈이다

창조 활동은 생각해 내기와 비슷한 면이 매우 많다. 앞에서도 말했듯이 전두엽이 측두연합영역에 '이런 느낌이 전에도 있었지?', '저건 뭐야?' 하고 물으면 기억이 전두엽으로 불려 나오는 과정이 '생각해 내기(떠올리기)'다.

그에 비해 '창조'란 전두엽이 측두연합영역에 '이런 느낌의 것이 있으면 편리할 것 같은데 뭔가 없을까?' 하고 물으면 측두연합영역에 저장되어 있는 기억들이 새롭게 조합되어 전두엽으로 나오는 것이다.

경험이 많고 '뭔가 하고 싶다', '무언가 없을까?' 하고 항상 외부 세계와 자기 안의 도서관을 탐색하는 호기심 강한 사람이라면 완전히 새로운 것을 만들어낼 가능성이 크다.

지금은 도그 이어Dog year(IT 세계의 1년은 다른 산업의 7년에 해당한다는 의미로 IT 비즈니스 환경과 IT 기술의 급속한 변화를 비유한 말_옮긴이), 마우스 이어Mouse year(8년 동안의 변화가 1년 만에 일어남을 비유한 말_옮긴이)라고 할 만큼 모든 게 빠르게 진화하고 있다.

과거에는 미디어라고 하면 신문, 텔레비전, 라디오 정도가 전부였다. 안방에서 모두 같은 텔레비전 프로그램을 보고 같은 정보를 토대로 이야기를 나눌 수 있었다. 그런데 지금은 트위터, 유튜브, 인스타그램 등을 통해 각자가 직접 정보를 모으고 자기만의 세계에서 살아간다.

세계 각국을 둘러싼 상황과 관계성도 바뀌었다. 전 세계에서 중국이 맹활약하고 있으며 일본은 지금 잠을 자고 있다. 일본에 '고도경제성장'의 시대가 있었다는 사실은 지금의 젊은이들에게는 동화 같은 이야기다.

나이가 들면 '내가 해오던 게 통하지 않는 새로운 시대가 되었다', '나는 구시대 사람이며 나의 시대는 끝났다'라고 생각하기 쉽다. 그러나 시대가 바뀌었기 때문에 지금을 살면서 과거를 돌아볼 수 있는 능력이 장점이 된다.

젊은 사람들은 모르는 상황에 대한 기억이 있기 때문에 오늘날에는 없는 새로운 걸 만들 수 있고 새로운 일을 할 수 있다. 지금은 없어진 게 뇌 속에서 자양분이 되어 새로운 싹을 틔울 준비를 하고 있는 것이다. 창조성을 담당하는 기억의 축적에 관해서는 연장자가 훨씬 유리하다는 말이다.

한편 의욕에 있어서는 어린아이 쪽이 좀 더 우월하다. 중고생들과 이야기하다 보면 '이런 것도 모르면서 어떻게 이 아이들은 자신감이 넘칠까?' 하고 생각할 때가 있다. 즉, 아무것도 몰라도 가질 수 있는 게 '자신감'이다.

젊은 사람들은 어설픈 지식만으로 '미래에는 인간의 의식을 로봇에게 이식할 수 있지 않을까요?'라고 대담하게 말한다. 의욕은 곧 이런 대담함과 무모함을 뜻하며, 이것은 압도적으로 귀한 보물이다.

연장자는 축적된 경험이 있기 때문에 '이제 이 정도면 됐어', '어차피 이 정도로 충분해'라며 새롭게 도전하지 않는 경우가 있다. 측두연합영역에 기억을 저장만 해두면 만들어지는 거대한 도서관을 가지고 있으면서도 보물을 활용하지 못하고 그대로 썩히는 것과 같다. 젊은이라면 이런 사람에게 '필요 없으면 저에게 주세요!'라고 말하고 싶을지도 모른다.

과거의 한 가지 성공 체험에 사로잡혀 '더 이상의 변화는 필요 없다!'라며 어떤 의욕도 내지 않는다면 창조성과 멀어질 수밖에 없다. 많은 경험을 가지고 의욕도 넘치는 상태, 즉 기억과 의욕의 양립은 가능하다. 자신감과 의욕은 근거 없이 가져도 좋다. 창조성은 축적해 온 기억과 그 기억들을 사용하려는 의욕의 곱셈이다.

연장자보다 젊은이들이 계속해서 새로운 것을 만들어낸다는 인상을 받는다면 젊은 사람들이 의욕이라는 보물을 제대로 활용하고 있기 때문이다. 기억은 연장자가 유리하고, 의욕은 젊은이가 유리하다. 서로의 장점을 참고하는 게 중요하다.

º
일론 타임

　요즘 나는 '일론 타임'이라는 용어에 관심을 가지고 있다. 2018년 TED 컨퍼런스에서 일론 머스크와 오랫동안 친분을 이어오고 있는 스페이스X의 사장 그윈 숏웰과 이야기를 나눈 적이 있다. 그녀의 말에 따르면, 일론 머스크는 항상 '2020년까지 화성에 간다!', '올해 안으로 완전 자율주행화를 끝내겠다!'라는 식으로 누가 봐도 시간적으로 무리한 목표를 말한다.

　또 그는 지상을 시속 1천 킬로미터 이상으로 달리는 교통수

단인 '하이퍼루프'를 만들어내기 위해 국제 공모전을 열었을 때도 갑자기 참가자들에게 "마감을 7월 하순으로 하겠습니다"라며 기한을 한 달이나 앞당기는 메일을 보냈다. 8월을 목표로 진행해 온 참가자들이 크게 당황했음은 물론이다.

이와 같은 일론 머스크의 거듭되는 예측 불허의 행동을 주변 사람들은 '일론 타임'이라고 부른다. 이 일론 타임을 통해 '빨리 완성하고 싶다', '이때까지 마무리되면 좋겠다'라고 서두르면 비록 실제로는 이루어지지 않더라도 모두가 필사적으로 행동하기 때문에 프로젝트가 빠르게 진행된다.

'무리인 걸 알지만 해보자, 목표로 삼아보자'라는 '일론 타임'을 다양한 곳에서 시도해 볼 수 있다. 하지만 현대인은 대부분 현실적인 편이어서 '아니, 그렇게 말해도 어차피 못 할 거야'라며 처음부터 목표로 삼지 않는다.

나도 가끔 스스로를 타이른다. '지금 쓰고 있는 인공지능 소설을 좀처럼 끝내지 못하고, 다른 일들로 바빠서 어쩌면 완성하지 못하고 생을 마감할 수도 있다'라고 불안을 느낄 때 '아니, 이번 주 안에 다 끝내자'라고 일론 타임을 가진다.

절대적으로 무리인 건 알지만 불안할 때나 그만두고 싶을 때는 실제로는 못 해도 좋으니까 '이번 주 안에 할 수 있을 거야'라고 자신에게 주문을 걸어보자. 일론 타임이라는 동력을 이용해 보는 것이다.

일론 타임을 일종의 장난기로 봐도 좋다. 아이들을 보면 정말 즐겁게 논다. 동물도 인간도 젊을수록 더 잘 놀며 놀랍게도 놀 때 뇌의 회로가 극적으로 새롭게 연결된다. 놀이는 '뇌의 학습'이다. 사물을 단순히 한 가지 의미로 받아들이고 놀이 성격의 불필요한 일을 하지 않으면 배움의 기회를 잃는다. 젊거나 나이 들었거나 나이가 몇 살이든 놀이 감각이 중요하다.

스스로 '이것을 하는 의미가 무엇일까?', '내가 왜 이런 일을 하는 거지?'라고 입버릇처럼 말하고 있다면 주의하자. 의미를 묻지 않으면 행동할 수 없게 된 상태여서 뇌가 많은 학습의 기회를 놓치고 있는 것이다. 의욕이 잘 솟지 않는 사람은 의미를 묻는 버릇이 있을 가능성이 높다. 모쪼록 무모한 일일지라도 즐겨보는 것이 좋다.

○

긍정 뇌의
비밀

기억을 계속 축적하는 행위의 또 다른 장점
은 타인에게 상냥해진다는 것이다. 이와 관련해 긍정 심리학의
대가 마틴 셀리그먼과 크리스토퍼 피터슨이 제시한 '성격적 강
점과 미덕Character Strengths and Virtues, CSV'이라는 인간 미덕의 지
표에 대해 이야기해 보자.

오랜 시간 심리학에서는 인간의 긍정적인 심리 상태보다는
부정적인 심리 상태를 연구해 왔다. 조현병이나 우울증 같은
인간의 부정적인 심리 상태가 생활에 중대한 영향을 미치기 때

문이다.

미국정신의학회가 작성한 《정신질환의 진단 및 통계 편람》에는 예컨대 'OO 질병은 이러저러한 증상이 있으므로 이 중 몇 가지 항목에 해당되면 OO 질병으로 진단하자'라며 부정적인 심리 상태에 대한 기준이 나와 있다.

하지만 셀리그먼과 피터슨은 부정적인 심리 상태뿐만 아니라 성격적 강점과 인간의 미덕이라는 긍정적인 측면의 기준도 동일하게 만들어 연구할 필요가 있다며 CSV를 제시했다.

CSV에 따르면, 인간에게는 26가지 성격적 강점(용기, 애정, 리더십, 창조성, 사고력, 심미안 등)이 있으며 이를 6가지 미덕(용기, 배려, 지혜, 공평성, 겸허, 초월성)으로 분류한다.

이 CSV는 다양한 경험을 쌓고 적극적으로 생각해 내면 강화될 수 있다. 보통 젊었을 때는 신경 회로 안에 돌출 부분이 있다. 예컨대 젊은 사람들은 불쑥불쑥 감정적으로 행동한다. 뇌의 사령탑인 전두엽이 발달 중이기 때문에 감정을 억제하는 회로가 비교적 약하기 때문이다. 그들은 불쾌한 일이 있으면 그 자리에서 감정을 표출하기 쉬워 인간관계를 망치기도 한다.

하지만 나이가 들면 '그렇게 행동하면 좋을 게 없다'는 걸 경험하고 반성한다. 따라서 감정을 억누르거나 세련되게 표출하고 부딪치지 않게 우회할 수 있다. 이런 경험과 반성을 통해 뇌의 억제 회로가 발달하고 균형을 이룬다. '원숙'해지는 것이다.

'원만해졌다'는 의미는 '저 사람, 모가 나지 않고 둥글둥글해져 재미가 없다'라는 나쁜 의미로 전달될 수도 있다. 하지만 사실 돌출된 감정을 잃어버리는 게 아니라 오히려 강한 감정은 그대로 지니면서도 전두엽의 억제 회로가 발달하는, 즉 양방향으로 균형을 이루며 성장하는 것이다.

더 이상 비판을 하지 않는 이유

나는 과거에 종종 트위터를 후끈 달구기도 했는데, 2017년 12월에 있었던 마츠모토 히토시의 일(2017년 초 일본의 지상파 언론과 코미디언들이 권력자 비평 소재를 다루지 않는다고 꼬집어 이슈가 되었는데, 그해 12월에도 아베 전 총리와 연말 회식자리를 같이 한 사람들(마츠모토 히토시 포함)을 트위터에서 언급하면서 이슈가 되었다_옮긴이) 이후로는 크게 이슈를 만들지 않고 있다.

되돌아보면 나는 젊었을 때부터 말이 조금 지나칠 때가 있었다. 말만 내뱉고 상대에게 진심을 다해 다가가려고 하지도 않았다. 중요하다고 생각하는 바를 털어놓기만 하고 설명을 하려는 자세가 부족했다.

그런 다음에는 반드시라고 해도 좋을 만큼 결과가 나빴다. 의도했던 내용이 제대로 전해지지 않는가 하면 상대와의 관계가 끊어지는 일까지 있었다. 마츠모토 히토시에 관한 일 이후로는 일본의 많은 개그맨들과 소원해졌다. 그래서 최근에는 과거를 돌아보며 반성하고 있다.

셀리그먼의 CSV는 온화함이나 협조성 같은 성격적 강점이 인간이 지닌 하나의 미덕이라고 분명히 말하고 있다. 나도 많은 실수를 거듭하고 나서야 마침내 온화함이 중요하다는 사실을 깨달았다.

경험을 쌓으면 '지금 이렇게 하면 이렇게 된다'라고 상황이나 사물을 장기적으로 볼 수 있다. 젊었을 때는 눈앞의 일밖에 생각하지 못하고 '지금 이것을 말해야만 해!', '일단 이렇게 하자!'라고 행동한다.

하지만 그 결과를 확실히 학습해 두면 '이 일이 생기면 다음에 이런 일이 일어나서 그다음에는 이렇게 되고'라는 식으로 두세 수 앞의 반향을 내다볼 수 있어 다음번에는 미리 결과를 고려한 다음에 행동하거나 발언할 수 있다.

나이 든 사람은 느끼는 감각은 젊었을 때와 같지만 '말하지 않거나' 혹은 '어떻게 말할지를 생각하고 말할 수' 있다. 원만해진다는 건 많은 걸 내다보고 제어할 수 있게 된다는 뜻이다. 강한 감정을 조절할 수 있을 정도로 억제 회로가 성숙해지기 때문에 둥글게 보이는 것이다.

이것이 바로 성격적 강점과 미덕, 즉 CSV가 높아진 것이다. 온화한 사람이라고 해서 반드시 젊은 사람이 지닌 감수성을 잃었다고 단정할 수 없다. 원숙해진다는 건 따분하고 시시해진다는 의미가 아니다. 안심하고 원숙함을 기르자.

○
인성이 좋은 사람의
창조성

공자는 《논어》에서 '나이 서른에는 우뚝 섰으며 마흔에는 미혹됨이 없었고三十而立 四十而不惑, …… 일흔에는 마음이 원하는 바를 따라도 법도에 어긋남이 없었다七十而從心所欲 不踰矩'라고 했다.

일흔 살에는 하고 싶은 대로 해도 윤리에 어긋나지 않았다니 대단하지 않은가? 이는 경험과 반성 그리고 학습을 반복해 뇌 속 회로의 균형이 마치 숙성된 와인처럼 원숙해졌다는 의미다. 원숙은 욕구가 없어지는 게 아니라 모든 게 균형 있게 성장해 뇌 속에 특별히 돌출된 회로가 없음을 뜻한다.

무슨 이유에선지 나이 들면서 덕망을 잃는 사람도 있다. 잘 난 체를 하거나 다른 사람의 의견을 듣지 않는 것이다. 특히 근 거 없는 자신감마저 갖지 못한 사람은 다른 사람에게 인정받기 위해 스스로 '나는 잘났다'라고 지나칠 정도로 과시해서 오히 려 다른 사람들에게 외면을 당하기 일쑤다.

과거의 성공 체험에 집착하지 않으면서 의욕을 가지고 자신 이 어떤 상황에 있는지, 어떤 행동을 하면 결과가 어떻게 될지 를 확실히 새겨두면 뇌는 나쁜 결과를 가져올 행동은 가급적 피하고, 좋은 결과로 이어질 행동은 강화하도록 학습해 올바른 인성을 만들어간다.

거울을 똑바로 볼 수 있으면 부정적인 면은 없애고 긍정적인 면은 강화해 원숙해질 수 있지만, 인성이 안 좋은 사람은 거울 조차 제대로 보지 못한다. 왜곡된 거울을 보고 있는 것이다. 인 성을 기르기 위해서는 앞서 말한 공간적 마음 챙김과 시간적 마음 챙김, 즉 지금의 현실 세계에 대한 의식과 과거의 경험에 대한 의식을 확장해 가야 한다.

아직까지 모난 사람이 창의성이 뛰어나고 원만한 사람은 성 공 같은 건 못 한다거나 도덕적인 사람은 재미없다고 생각하는 사람이 있다면 다시 한번 생각해 보자. 성공한 사람은 확실히 이미지가 날카롭기는 해도 그 결과는 그렇지 않은 경우가 대부분이다.

예컨대 IT 연구자이자 미디어 아티스트이며 사업가인 오치아이 요우이치는 매우 예민하다는 인상을 풍기지만 실제로 만나보면 됨됨이가 좋은 편이다. 탤런트이자 우주 개발 사업을 하고 있는 호리에 다카후미나 디지털 아티스트이자 실업가인 이노코 도시유키도 마찬가지다.

그들은 터무니없이 상식에서 벗어나는 말을 하거나 행동하는 사람처럼 보이지만 실제 사업 파트너나 일 자체에 대해서는 매우 예의를 갖춘다. 주위를 살피면서도 자신의 욕망에 충실한 삶을 살고 있다.

정말로 본바탕까지 모가 난 사람에게는 동료도 일도 점차 줄어들 것이다. 세상 사람들이 좋아하지 않을 가능성이 크기 때문이다. 오치아이, 호리에, 이노코 등은 확실히 이미지가 날카롭지만 실제로는 협조성이 뛰어나다. 그저 남다른 일을 하고 있어서 눈에 띄는 것뿐이다. 정말로 인성이 안 좋고 다른 사람을 업신여기는 사람은 사랑받지 못하고 일도 주어지지 않는다.

극단적으로 말하면 특수한 재능은 없어도 사람의 마음을 읽고 항상 다른 사람을 위해서 행동하는 사람은 다른 사람의 호감도 얻고 일도 따른다. 이것도 하나의 창조성이다.

우리는 '예민한 게 멋있다'는 시각에서 벗어나 '원숙'의 효용을 진지하게 생각해야 하는 시기에 와 있다. 예리하고 화려하며 시선을 확 사로잡는 것을 훌륭하다고 여기기보다 수수해 보일지라도 정말로 깊은 생각, 평생 지니고 갈 수 있는 깊은 지혜란 무엇일지 다시 생각하고 이를 갖추면 자신뿐만 아니라 많은 사람에게 도움이 될 것이다.

창조적인 일을 하는 사람들 사이에도 '파멸적인 게 멋있다'는 사상이 뿌리 깊게 자리하고 있지만 그것은 구시대적인 사고임을 깨달아야 한다. 문명 혹은 문화가 발달하는 과정에서 구동력이 필요했던 시대에는 모난 것이 필요했지만 물품이 넘쳐나고 모든 것이 포화 상태인 오늘날에는 반대로 원숙한 사상이 필요하다.

당연한 말이지만 파멸한다면 행복할 수 없다. 파멸적인 인격을 지닌 사람이 쓰는 소설이 재미있다거나 파멸적인 성향을 지니지 않으면 예술가가 될 수 없다는 것은 진실이 아니다.

○

원숙하면
세세한 것들이 보인다

조금 어려운 일이지만 수학의 '프랙털fractal (차원분열도형)' 이미지를 떠올려보자. 프랙털은 몇 배로 확대해도 변하지 않는 구조를 말하는데, 이유는 알 수 없지만 확대하고 또 확대해도 동일한 구조가 나타난다. 자연계에는 이런 구조가 수없이 존재한다.

같은 형태를 여러 크기로 반복해서 그려나가면 프랙털 구조가 된다. 예컨대 먼저 종이 가득 양치식물의 대략적인 형태를 그려본다. 그다음, 그 일부에 처음과 같은 형태를 그린다. 이제

프랙털은 전체가 부분과 동일한 형태로 되어 있다. 떼어낸 일부분은 전체의 축소판이다. 자연계에서는 이 같은 반복 구조를 흔하게 볼 수 있다. 한편 부분을 그리는 데도 전체를 그리는 것과 동일한 에너지가 필요하다.

그 형태의 일부에 또다시 같은 형태를 그린다. 이 행동을 반복하면 자연계에서 흔히 볼 수 있는 잎사귀 모양이 된다.

반복할 때마다 그 형태는 점점 더 세밀해지고 전체 형태는 좀 더 완벽한 모양이 된다. 그렇다고 맨 처음 큰 형태를 그릴 때에 비해 나중에 세밀한 형태를 그릴 때 사용하는 에너지가 감소하지는 않는다.

이 프랙털 구조처럼 젊을 때는 일단 시원스럽고 크게 대략적인 형태를 그리는 데 에너지를 사용하지만 나이를 먹으면 좀 더 세세한 부분까지 볼 수 있어서 인생의 과제가 세밀해진다. 그래서 계속적인 성장, 즉 지속 가능성이 중요하다. 프랙털 구조는 지속 가능한 성장에 의해 구축되기 때문이다.

아이에게 인생의 목표를 물으면 '사장님이 될 거예요'라고 매우 대략적인 목표를 말한다. 청년은 조금 더 세밀해져 '성공해 최고가 되겠어요'라고 말한다. 나이가 더 들면 이번에는 '최고가 되는 건 그다지 중요하지 않습니다. 좀 더 자세한 이야기를 하지요'라고 그 내용이 변해간다.

어린 시절에는 기업의 대표와 일반 직원을 비교하면 대표는 더 성공하고 일반 직원은 성공 과정에 있는 것처럼 보일 수 있다. 그러나 실제로는 그렇지 않다. 일반 사원이 하는 일도 매우 다양하며, 모든 일에 각각의 달성이 있고 달성까지의 과정에도 여러 기쁨이 있다.

특별히 사장이 되지 않아도 나이 드는 과정의 여러 단계에서 이루어지는 달성이 있고 기쁨이 있으며, 그 하나하나가 얼마나 대단한지 느낄 수 있다.

이런 관점을 획득해야 비로소 자신만의 과제를 즐기며 해결해 나가는 일이 가능해진다. 인생의 과제에 도전하는 것은 즐거운 일이다. 다섯 살 아이가 되는 데 나이가 상관없는 이유가 바로 여기에 있다.

나이가 들면서 하체가 약해져 전철을 타고 돌아다닐 수 없는 경우를 생각해 보자. 젊은 사람이 봤을 때는 '자유롭지 못한' 상태일 수 있다. 하지만 당사자는 세상의 작고 세밀한 부분을 볼 수 있어 충분한 기쁨을 느끼고 있을 수도 있다. 다른 사람들은 모르는 또 다른 창의적인 인간으로 거듭날 수 있는 것이다.

○

개성은 본래
온화한 것이다

사람은 스스로 경험하고 반성하고 계속해서
배우면서 원만해진다. 이는 다른 사람들과 비슷해진다는 의미
가 아니다. '무엇이든 받아들이고 미소를 지으며 온화해지는
것은 개성을 없애는 것이고, 원만해지면 모나지 않으며 다른
사람과 닮아간다'라고 생각할 수도 있지만 사실은 원만해지는
것이야말로 개성을 만드는 것이다.

다른 사람은 한 사람이 가진 내면의 보물인 어떤 '기억'과 완
전히 똑같은 기억을 갖지 못한다. 따라서 기억을 자주 떠올리며

오랫동안 갈고닦을수록 타인과 전혀 다른 사람이 된다.

그때그때 스스로 자신의 과제를 찾아내고 자신의 방식으로 조금씩 개선하는 일, 다시 말해 싫증을 모르는 배움이 가능한 사람은 다른 사람과 비교할 수 없을 정도로 강인한 사람이다. 또한 스스로 즐기고 있기 때문에 남에게 으스댈 필요도 없다.

자신의 결점을 깨닫고 결점을 숨기는 게 아니라 결점을 개선하는 기억법을 가능하게 하는 게 창조성이며, 이를 통해 개성은 만들어지고 원숙해진다. '원숙을 지향하는 편이 좋다', '모가 나지 않아도 괜찮다'는 점을 알면 더 편안해질 수 있다.

오늘날은 개성을 발휘하는 게 고달픈 일이다. 개성을 발휘하려면 주변 사람들과 트러블을 피할 수 없다고 생각한다. 이것도 큰 오해다. 사람들과 사이좋게 지내면서 자신이 가려는 방향으로 조금씩 가는 게 진짜 자신이 있을 곳을 찾는 방법이고, 또 자신의 개성을 발휘하는 방법이다.

예컨대 여러 사람으로 이루어진 모임에는 요리를 가장 잘하는 사람이 있기 마련이고, 그 사람은 요리를 담당할 것이다. 유적에 대해 잘 알고 있는 A에게는 여행 계획을 맡기고, 운전을 잘하는 B에게는 운전대를 맡긴다. C는 말하기를 좋아하므로 여행 동안 대화거리로 곤란할 일은 없을 것이다. D는 얌전하지만 모두를 잘 살피다가 무슨 일이 있을 때 적절한 행동을 취한다.

　모든 사람이 주변을 잘 살피고 주변 사람에게 좋은 것, 이 모임에서 부족한 것을 생각하기 때문에 서로 충돌하지 않고 자신의 역할과 자신의 개성을 만들어갈 수 있다. 이 그룹에서 여행의 전체적인 틀을 짜는 리더는 A지만 다른 사람들과 모였을 때는 관계성에 따라 A가 D의 역할을 하기도 한다. 상황에 맞게 역할을 바꾸어도 좋다. 개성이란 원래 그렇게 유연한 것이다.

ㅇ
타인의 감정을 깊이 생각하는
'사전 교섭'

인간관계를 잘 맺기 위해 사전 교섭이나 물밑 작업을 해두는 일은 그다지 좋은 인상을 주지 못한다. 이른바 나쁜 버릇, 낡은 관습으로 불리는 사전 교섭과 유사한 작업은 전 세계 어디에서나 이루어지고 있다.

사전 교섭은 인간의 감정에 대처하기 위해 형성된 관습이다. 인간에게는 감정이 존재하기 때문에 사전 작업이 필요하다. 그리고 그 감정은 인간이라면 누구나 가지고 있기 때문에 전 세계에 비슷한 관습이 존재한다.

예컨대, 회사에서 A는 눈부신 활약을 하는 반면 동기인 B는 슬럼프를 겪고 있다. B가 우울감을 느끼거나 A와 함께 있기를 힘들어하는 건 당연하다. 그러나 아무리 A가 낸 아이디어가 훌륭하다고 해도 모두 함께 협력해 주지 않으면 아이디어를 실현해 회사를 좋은 방향으로 이끌어갈 수 없다. 또 B가 가지고 있는 특수 기술이 A의 아이디어 실현에 꼭 필요할 수도 있다.

누구나 즐겁게 프로젝트에 참여하면 모두가 함께 힘을 쏟아 좋은 결과를 얻을 수 있다. 따라서 B의 도움을 받기 위해서는 그의 감정을 배려할 필요가 있다. 어떻게 하면 B가 A의 아이디어에 대해 '좋아요'라고 말할 수 있을까? 또는 선뜻 '도울게요'라고 말할 수 있을까?

이를 가능하게 하는 방법이 사전 교섭이다. 사전 교섭은 상대방의 감정에 대해 깊이 생각하는 것이다. 만약 이번에 A가 B를 무시하면 반대로 A가 슬럼프에 빠졌을 때 도움을 받을 수 없을 것이다. 오랜 시간 관계를 유지하며 각자의 개성을 함께 살려나가기 위해서는 타인의 감정이나 욕구에 맞춰 자신의 감정과 욕구를 조정해 나가는 해결책이 필요하다.

'연줄(연고)'이라는 말도 나쁜 의미로 받아들이기 쉽지만 이 역시 한 나라에서만 볼 수 있는 현상이 아니라 전 세계적으로 유사한 문화가 있다. 어떤 일을 부탁할 때도 전혀 모르는 남보다 친구가 신뢰하는 사람에게 믿음이 갈 것이다. 지극히 당연한 감정에서 연고라는 문화가 생겨났다.

나는 '자기 책임'이라는 사고방식을 좋아하지 않는다. 세상을 일일이 구분해 나누고 개인은 각자 알아서 노력해야 한다는 사고방식과 같다. 하지만 실제로 모든 사람은 다른 사람과 연결되어 있고 네트워크의 일부를 차지하고 있다.

최첨단 기업을 만든 일론 머스크나 스티브 잡스가 모나고 제멋대로라는 인상을 받기 쉽지만 무엇을 실현하려면 당연히 협조성을 발휘해 왔을 것이다. 다른 사람이 도와주지 않았다면 어떤 일도 제대로 해내지 못했을 것이다. 개성은 네트워크 속에서 만들어진다. 주위 사람을 활용하는 가운데 자신의 능력을 발휘할 수 있는 신기한 관계에서 가능한 일이다.

○
인간관계라는
자산

　　　　사회에는 여전히 장인 지상주의가 남아 있다. '실제로 기술이 있고 무언가를 손으로 하는 사람은 대단하다'는 심리적 압박이 작용하는 것이다.

　예를 들어, 중간 관리직처럼 사람과 사람 사이를 조정하는 일을 하는 사람을 '아무 일도 하지 않는 사람'으로 여기는 인식이 있다. 하지만 그런 사람이 하는 역할은 매우 크다. 어떤 일의 실현은 사람과 사람이 연결됨으로써 가능하고, 사실상 사람과 사람의 연결은 매우 어려운 창조적인 일이기 때문이다.

젊은 사람들은 '성공'하는 데 혈안이 되어 좀처럼 다른 사람을 보지 못한다. 개개인의 장점을 파악해 누구와 누구를 연결할지, 어떤 사람에게 어떤 임무를 부여해야 그룹으로서 최적의 퍼포먼스를 발휘할 수 있을지를 판단하는 일은 축적된 경험이 없으면 불가능할 수 있다. 경험을 쌓을수록 인맥이 넓어져서 이런 역할을 훨씬 수월하게 할 수 있다.

사람들을 연결할 수 있는 사람은 특히 인공지능 시대에 더 중요하다. 현재 인공지능은 한 분야에서는 효율적으로 목적을 달성해 내지만 분야를 초월해 사람과 사람을 연결하는 일에는 서툴다.

나는 '언젠가 내가 쓴 소설을 영화화했으면 좋겠다'라는 생각을 가지고 있지만 어떻게 하면 이를 가능하게 만들 수 있을지 전혀 짐작이 가지 않는다. 혹 가까이에 사람과 사람을 연결할 수 있는 사람이 있으면 조금은 길이 보이지 않을까?

제작 과정에 능숙하고 자금을 모집하고 필요한 스태프들을 구성할 수 있는 사람을 만나면 내 생각은 현실이 될 것이다. '캐스팅은 이렇게 하는 게 좋겠어요. 예산은 이 정도고 감독은 ○○을……'이라며 전체를 보고 각 부분들을 유기적으로 연결할 수 있는 사람이 있다면 한 편의 영화를 만들 수 있을지도 모르겠다.

물론 독특한 기술을 가진 사람도 중요하다. 하지만 그 사람들을 보면서 누구와 누구를 연결하면 좋을지를 판단하는 사람도 중요하다. 인간의 관계성에 기초해 무언가를 실현해 가는 일은 많은 경험을 축적해 온 사람에게 유리하다. 구축해 온 네트워크의 범위와 깊이가 다르기 때문이다.

나는 소니컴퓨터사이언스 연구소에 들어갔을 무렵, 당시 이사였던 이데이 노부유키를 만난 이후 20년이 넘도록 그와의 관계를 유지하고 있다. 그가 어떤 일을 부탁할 때는 절대로 싫다는 말을 하지 않는다. 어제 갑자기 만난 사람에게서 '이것 좀' 하고 부탁을 받으면 들어줄 사람은 거의 없을 것이다. 사람은 유지해 온 관계의 깊이에 따라 행동한다. 축적된 기억은 이런 의미에서도 아주 중요한 자산이라고 할 수 있다.

과거에 관계를 형성했던 사람들의 얼굴을 떠올려보자. 그리고 각각의 그룹에서 어떤 역할을 해왔는지 생각해 보자. 예술이나 과학기술 같은 거창한 세계 말고도 우리 가까이에서 할 수 있는 일, 예컨대 의사소통을 잘할 수 있는 능력과 사람과 사람을 연결해서 그룹을 성공적으로 이끄는 일도 창조성이다.

○

플랜 B를
생각하는 연습

보통 하고 싶은 일에 대해 '이렇게 됐으면 좋겠다', '이런 게 이상적이다'라는 플랜 A를 가지고 있을 것이다. 하지만 '만약 그게 안 되면 이렇게 해야지'라는 플랜 B까지 항상 염두에 두는 사람은 얼마나 될까?

어떤 경우라도 플랜 B를 계획하고 있으면 인생은 풍부해지고 즐거워진다. '지금 다니는 회사'나 '지금 하고 있는 일'이 있어도, 만사가 순조롭게 진행되어 어떤 불안이 없을 때도 '만약 여기서 일하지 않는다면 무엇을 하고 싶지?'라는 식으로 플랜

B를 생각해 본다.

단순한 상상이자 사치스러운 생각으로 보일 수 있다. 하지만 적어도 정년퇴직이 얼마 남지 않았다면 현실로 받아들여야 한다. 대학을 막 졸업하고 취직한 신입사원일지라도, 심지어 그 일이 60세까지 보장되는 안정적인 직업이라 해도 그 안정기에 플랜 B를 생각해 두는 편이 좋다. 하지만 그런 사람들은 더욱 더 플랜 B를 진지하게 생각하지 않는다.

정년을 맞았을 때 비로소 '앞으로 어떤 일을 하지'라고 고민에 빠지며 '사회보험 노무사(사회보험과 노무 관련 법률 서비스를 제공하는 일본의 직업. 이를 참고로 한국의 공인노무사 제도를 만들었다_옮긴이)로 독립하자', '국숫집을 열자' 등을 계획하지만 살면서 처음으로 생각한 플랜 B가 성공하기는 꽤 어렵다.

단기간에 생각해 낸 희망 사항은 깊이 고민한 끝에 찾은 답이 아닐 것이다. 게다가 무언가를 시작하고 그것이 제대로 된 돈벌이가 되려면 아무래도 시간이 걸린다. 그러므로 가능한 한 젊었을 때부터 플랜 B를 생각하는 연습을 하는 게 중요하다.

나는 매일 어떤 순간에도 플랜 B를 생각한다. 나아가 플랜 C, D, E까지 생각한다. 뇌과학자라는 직업 말고도 소설도 쓰고 싶고 곡도 만들고 싶은 나는 평소에 그런 일들을 생활 속에서 조금씩 시도하고 있다. 매 순간 무의식의 소리를 들으려 노력하는 것이다.

처음 소설을 썼을 때는 실력이 아주 형편없었다. 다른 사람에게는 절대로 보여줄 수 없는 여러 글이 컴퓨터에 저장되어 있다. 그렇게 몇 편을 쓰고 겨우 50대가 되어서야 《도쿄예대 이야기》를 출간할 수 있었다. 논문을 읽거나 실험 아이디어를 짜내거나 머릿속으로 사고하는 일은 뇌과학자로서 오랜 세월 줄곧 해왔기 때문에 비교적 쉽지만 소설 쓰기는 아직 경험이 부족해 간단하지가 않다.

새로운 일을 시작한다는 건 당연히 '신인'이 되는 일이다. 숙련된 분야와 더불어 새롭게 시작하는 분야를 가지고 있으면 전체성이라는 의미에서 균형을 이룰 수 있다.

비용을 들이지 않고도 인생을 즐길 수 있다

곡을 만들어보고 싶다고 생각하게 된 계기가 있다. 일론 머스크의 연인 그라임스는 자신의 집에서 롤랜드 디지털의 전자 키보드와 음악 소프트웨어 개러지 밴드를 이용해 3주 만에 앨범을 완성해 발매하면서 큰 주목을 받았다.

나는 앨범을 만들려면 스튜디오를 빌리고 음향 기계를 갖추는 등 돈을 들여야 한다고 생각했다. 그런데 자신의 방에서 누구나 가지고 있는 도구로 앨범을 만들 수 있다는 사실에 충격을 받고 나 역시 시도해 보고 싶어졌다.

나는 비교적 영향을 쉽게 받는 사람에 속하지만, 사실 '하고 싶다'는 기분은 이런 식으로 큰일이 아니어도 간단하게 생길 수 있다. 그런데도 '하고 싶은 일이 너무 많아서 곤란하다'라고 말하는 사람을 많이 만나지 못한 이유는 무엇일까?

내가 가르치던 한 학생은 최근 연구원을 그만두고 플랜 B에 따라 커피를 공부하기 시작했다. 카페를 열고 커피로 생계를 해결하려면 상당한 시간이 걸릴 것이다. 그래서인지 그는 카페를 열심히 운영하면서도 일본 각지의 조몬시대(1만 5천 년 전~4세기경)의 문화를 보러 떠나는 긴 여행을 계획하는 등 플랜 C와 플랜 D에도 도전하고 있다. 이와 같이 자신의 미래가 어떻게 될지 모르는 상황에서 일단 무언가 시도해 보는 건 좋은 일이다.

또 다른 졸업생은 훌라 춤을 추기 시작했다. 보통 어렸을 때부터 춤을 배운 사람이 프로가 되고, 실제로 프로가 되기 위해서는 많은 시간이 든다. 하지만 그는 춤이 직업으로 이어지지 못할 수도 있지만 일상에서 춤을 추는 시간이 생겨 삶이 이전보다 훨씬 즐거워졌다고 말했다. 좋아하는 일이 있다면 특별히 무언가가 되지 않더라도 도전하면 되는 것이다.

플랜 B는 비록 금전으로 연결되지 않아도 그 일에 몰두해 즐거움을 느낀다면 그것만으로도 활력소가 되어 기존에 하던 일도 더 잘된다. 젊을 때부터 생활 속에 자신의 욕구를 조금씩 녹일 수 있는 방법을 찾자. 욕망의 추구를 돕는 플랜 B 기획력은 자신의 인생을 창조적으로 만드는 데 필수 요소다.

○

플랜 B 연습장

플랜 B는 인생에서 일어나는 형태가 없고 번거로운 일을 어떻게 정확히 파악하고 다룰 수 있는지와 관계가 있다. 예를 들어보자. 당신은 ① 어떤 장소에서 업무 미팅이 잡혀 있다. ② 이후 저녁 시간에 사람들과 레스토랑에서 식사하기로 약속되어 있다. ①과 ②는 결정 사항이다. 하지만 그사이 시간에 대해서는 정해진 것이 없다.

당신이라면 ①과 ②라는 목적에 따라 다른 사항은 고려하지 않고 최대한 빨리 가기 위해 퇴근하는 사람들로 붐비는 지하철로 이동할 것인가? 아니면 ①과 ② 사이에는 몇 시간의 여유가 있으니 기분 좋게 공원을 천천히 가로질러 간다거나 ①과 ② 사이에 있는 영화관에서 평소 보고 싶던 영화가 상영 중이니 보고 가야겠다는 등 안 해도 되는 계산을 할 것인가?

당신이 전자라면 정해진 일을 완수하는 데 필사적인 플랜 A 중심의 사람이라는 의미고, 후자라면 플랜 B를 생각할 수 있는 사람이라는 의미다. 어느 장소에서 무엇을 하고 다른 장소에서 밥을 먹는 그 일련의 흐름을 머릿속에 떠올리면서 그 일정 전체가 즐겁도록 설계할 수 있다면 당신은 이미 플랜 B의 달인이다.

아무 목적이 없는 시간을 생각하는 일은 의외로 귀찮고 많은 상상력과 사고력을 필요로 한다. 하지만 이것이 플랜 B를 생각하는 일이며, 결과적으로 당신의 인생 전체를 기분 좋게 변화시킨다.

최단 경로를 노리지 않는다

오늘 어떤 장소에 가기로 예정되어 있어서 빠르게 이동하기 위해 전철을 탔는데, 하필 사람들로 가득한 만원 전철인 데다 중간에 전철이 고장나면서 다섯 시간을 옴짝달싹하지 못하는 상태로 기다려야 한다면 기분이 엉망이 되고 말 것이다. 이와 같이 최단 경로만 생각했을 때는 예상하지 못한 일이 생기면 큰 충격을 받는다.

플랜 B를 생각한다는 건 '이동'이라는 목적이 없는 부분까지 포함해 알찬 인생을 만들려는 것이다. 인생이 계속될 수 있는 즐거운 경로는 꽤 많다. 그 경로를 찾기 위해서는 '이동'을 포함해 상상하는 게 중요한데 많은 사람이 이 일을 간과하기 쉽다. 그래서 애초에 생각한 대로 상황이 흘러가지 않을 때 쉽게 스트레스를 받는 것이다. 최단 경로로 가지 않아도 인간은 이동할 수 있으며, 방법에 따라서는 기분 좋게 이동할 수 있다. 가능한 한 경로를 많이 만들자.

당신이 소설 작가를 꿈꾸고 있다면 작품을 완성해 대형 출판사에 가져가거나 신인상에 응모하는 게 이상적인 플랜 A일 것이다. 하지만 현실에는 돈을 내면 책을 발행해 주는 출판사도 있다. 대형 출판사가 받아주지 않는다면 자비 출판은 플랜 B가 된다. 플랜 C는 출판사조차 거치지 않고 아마존 킨들Amazon Kindle 같은 플랫폼을 통해 직접 발표하는 방법이다. 비록 플랜 C라 해도 인터넷상에 공개되기 때문에 누군가의 검색 망에 걸려 읽힐 가능성이 있다.

많은 사람이 플랜 A와 같이 성공한 경우나 아무에게도 읽히지 않고 혼자 간직하는 두 가지 경우밖에 상상하지 못한다. 그러나 플랜 B, C는 당신의 욕구를 생활 속에 잘 담아내기 위한 방법이며, 이로써 큰 성공에만 가치를 두지 않고 자신만의 작은 과제를 통해 기쁨을 발견할 수도 있다.

단적인 예를 들어보자. 한 일본 승려가 자살 방지 노력에 관해 쓴 짧은 기사가 미국 잡지 《뉴요커》에 실렸는데, 미국 영화감독 라나 윌슨이 그 기사를 읽고 감동받아 영화로 만들었다.

짤막한 신문 기사 혹은 블로그의 사연이 영화로 만들어질 수도 있는 것이다. 만약 영화사가 판권을 사지 않더라도 인터넷에 올려놓으면 다른 가능성이 생길지도 모른다. 꿈을 이룰 수 있는 길은 여러 가지다.

귀찮은 일도 즐겁게 한다

크게 중요하지 않은 일상에서 플랜 B를 계획하는 연습을 하자. 출장지에서 '저녁에 어떤 레스토랑에 갈까?' 하고 고민하는 사소한 일에서도 만약 가장 가보고 싶은 가게가 문을 열지 않았다면 바로 '그럼 여기로 가보자' 하고 또 다른 플랜 B로 옮길 수 있다. 플랜 B, C를 계획하고 있으면 하나를 망쳐도 충격이 크지 않다. 플랜 B를 생각하는 일은 플랜 A에 대한 집착을 없애는 일이기도 하다.

요코하마의 어느 고등학교에서 강연을 한 적이 있다. 나는 강연장까지 택시를 이용하지 않고 구글 지도를 보면서 걸어갔다. 한참 걷다가 식당에 들러 중국 요리를 먹고는 다시 길에 나섰다. 그리고 얼마 지나지 않아 마쓰토야 유미의 노래 〈바다를 바라보던 오후〉에 나오는 레스토랑 '돌핀'을 발견했다.

만약 오던 길에 중국 요리를 먹지 않았다면 이 식당에 들어갔을 것이다. 그랬다면 〈바다를 바라보던 오후〉의 노랫말에 나오는 '화물선이 소다수 속을 지나가'는 모습을 볼 수 있었을 것이다. 나는 분한 마음을 억누르며 다음번에 이 근처에서 볼일이 있을 때는 반드시 이곳에 들러야겠다고 마음먹었다. 이와 같이 실패도 플랜 B를 생각하는 데 좋은 계기가 될 수 있다.

처음에 희망한 대로 되지 않았을 때의 대안으로 다른 계획들을 생각하는 것은 다소 성가신 일이다. 하지만 그런 귀찮은 일을 받아들이면 스스로 방법을 찾고 스스로 기쁨을 얻을 수 있는 창조적인 사람으로 바뀔 수 있다.

○
모든 사람은
자기 인생의 CEO다

　　　　　살아가는 데 조금이라도 기분 좋아지도록
하고 싶은 일을 기억 속에서 찾아내 궁리하다 보면 누구나 '자
신이라는 기업을 경영'하게 된다. 모든 사람이 자신이라는 기
업의 경영자가 되는 것이다.

　나는 지금 쓰고 있는 소설을 출판할 수 있을지 모르겠고, 출
판한다고 해도 얼마나 팔릴지 알 수 없다. 가장 큰 야망으로는
글을 영어로 번역해서 영어권 나라에서 출간하고 싶지만 절망
적일 수 있다. 그런데도 나는 경영인의 입장에서 이 프로젝트

를 하겠다고 판단했다. 목표를 달성할 수 없을지도 모르지만 진행하기로 결정한 다음 글 쓰는 시간을 할애하고 있다.

또한 나는 나의 욕구를 따를 뿐만 아니라 어떤 일을 받아들일 때도, 예컨대 '어떤 영화에 대한 감상평을 부탁드립니다'라는 의뢰를 받으면 영화를 보는 데 두 시간, 100자의 영화평을 쓰는 데 몇 분이 확실히 필요하기 때문에, 그 일 말고도 하고 싶은 일을 고려해 그 비용을 생각하고 받아들일지를 결정한다.

우리는 각자 자신이라는 기업을 경영하고 있다. 어떤 대상에 흥미를 가질지, 어디에 시간을 할애할지를 생각하고 결정하는 일이 인생의 경영인으로서 내리는 판단이다.

나는 한 제자를 돕기 위해 라인 블로그를 시작했다. 하지만 최근 상황이 바뀌고 광고비가 줄면서 제자의 식비를 벌기 위함이라는 목적에 충분하지 않게 되었다. 중간에 그만둘까도 생각했었지만 결국 계속하고 있다. 최근 '우리의 뇌, 무엇이든 물어보세요' 코너에 젊은 대학생과 중고생의 상담이 늘고 있기 때문이다.

나에게는 '가능하면 젊은 세대에게도 내가 쓴 글이 계속 읽히면 좋겠다. 내 생각을 전달하고 싶다'라는 바람이 있다. 이 코너의 운영은 적어도 그런 의미에서는 충분히 가치가 있다.

삶에는 돈이라는 축뿐만 아니라 여러 축이 있다. 생각을 전달할 수 있는 축과 자신을 해방할 수 있는 축 그리고 그 밖에도 자신에게 필요한 다양한 축이 있다. 따라서 이들 전체를 생각하고 무엇을 할지 또는 하지 않을지를 판단한다. 바로 이게 '나'라는 회사의 경영이다.

성공은 다른 사람의 축으로 결정되는 게 아니다. 당신에게 필요한 축을 당신이 채울 수 있다면 성공이다. 바둑을 두고 싶은 사람은 바둑에 투자한다. 장기라도 두고 싶다면 장기에 투자한다.

내가 매일 10킬로미터를 달리기 위해서는 시간과 땀투성이가 될 만큼의 체력이 필요하다. 이를 위해 그만큼의 시간과 체력을 다른 대상에 쏟을 수 없지만 건강이 매우 좋아진다. 건강을 유지하는 일도 중요한 축이다. 자신에게 필요한 축은 자기 안에서 발굴해야 한다. 우리는 모두 자기 인생의 CEO이며 자신의 성공은 스스로 결정해도 좋다.

계속하면 보이는 게 있다

인생에는 많은 선택지가 있다. 그 가운데 무엇을 선택할 때는 단기적인 관점뿐만 아니라 장기적인 관점까지 고려해야 한다.

학창 시절에는 누구나 미래를 위한 대비라고 생각하고 공부를 한다. 이에 대한 보상은 훨씬 나중에 오기 때문에 어디에서 무엇이 무엇으로 이어지는지 모른 채로 무작정 공부한다. 보통 이런 경우에 시간은 많이 걸리는데, 보상이 바로 눈에 보이지 않으면 대부분 불안해한다.

바로 보이지 않더라도 계속하면 보인다. 무엇을 하면 좋을지 잘 보이지 않는 자욱한 안개 속에서도 왠지 '이걸 더 해보고 싶다'라고 느껴지는 게 있으면 조금씩 해보면 된다.

나에게 뇌과학의 의식 문제는 너무 어려워서 아무래도 평생 풀 수 없을 것 같다. 하지만 그 문제를 생각하지 않으면 인생이 공허하게 느껴지기 때문에 '의식에 대해 생각하는 시간을 매일 이 정도 확보해야'라는 식으로 전체적인 균형을 고려해 시간을 할애한다.

다들 그렇게 어느 정도는 선택을 하고 있겠지만 앞으로는 더욱 주체성을 가지고 선택해 나가자. 학교에 다니고 회사에 들어가고 조직에서 일하는 상황에 익숙해진 사람은 스스로 자신의 인생을 결정해도 좋다는 사실을 바로는 받아들이지 못할 수도 있다. 하지만 스스로 결정한 작은 일을 하나만 시작해도 요령이 생길 것이다.

○
인생은 가능성이 묻혀 있는
무덤이다

어떤 영화를 볼지, 어떤 책을 읽을지도 인생의 경영인으로서 내리는 판단이다. 나는 아직 《유리가면》을 읽지 못했다. 여러 권으로 되어 있어 매우 길다고 들었는데 전권을 읽겠다고 판단하는 편이 좋을지도 모르겠다. 장편이라면 《잃어버린 시간을 찾아서》도 아직 읽지 못했다. 역시나 상당한 시간이 걸리겠지만 읽는 편도 괜찮을 것 같다.

사실 어떤 게 최선이라는 객관적인 '답'은 없다. 그렇게 하는 게 좋을지 아닐지 알 수 없어 '스스로 판단할' 필요가 있기 때문에 '경영자'라고 하는 것이다. 돈이 되지 않아도 자신의 시간을 어디에 쓸지 스스로 결정함으로써 그 일을 할 때 싫증이 나지 않는 게 가장 중요하다. 보상은 비단 금전적인 것만은 아니다. 인맥의 형성 혹은 만족감, 기쁨이 모두 보상이다.

인생은 가능성이 묻혀 있는 무덤이다. 그 무덤에서 가능성이라는 좀비들을 하나하나 살려내야 한다. 정원을 가꾸거나 성가대에 참여하고 싶었지만 오랫동안 일에 치여 할 수 없었다면 지금부터라도 조금씩 해보면 된다. 어렸을 때 해보고 싶었지만 부모가 반대해서 하지 않았거나 다른 길을 선택하고 울며 겨자 먹기로 그만둔 적이 있다면 다시 시작하면 된다.

'프로가 되어 활발하게 활동하지 않으면 의미 없다'라는 생각은 버리고 새로운 일을 시작하자. 원했던 일을 솔직하게 해보는 게 얼마나 큰 만족감과 기쁨을 가져다주는지 확인할 수 있다.

한 도시에서 또 다른 도시까지 걸어보기와 같이 엉뚱해 보이는 일도 좋다. 전철이나 차로만 갔던 곳을 직접 걸어서 가면 얼마나 걸릴까? 무엇이 보일까? 어쨌든 새로운 걸 배울 수 있을 것이다. 찻길을 따라 걸을지, 시골길을 걸을지, 어디서 묵을지, 무엇을 먹을지를 결정하는 과정에서 많은 선택이 이루어지고 그때마다 자신을 응시하게 될 것이다. 이 과정을 글로 써서 블로그에 올리면 많은 사람이 읽을 수도 있다. 그리고 그 글이 책이나 영화로 이어질 수 있는 가능성도 있다.

구글 지도가 있기 때문에 스마트폰으로 위치를 확인할 수 있고 길을 잃을 위험도 줄어 긴 여행도 부담 없이 할 수 있다. 이런 일이 지금까지 경직되었다고 생각했던 인생을 잊는 방법이다. 잊는다는 건 반대로 말하면 어이없이 실패했던 것들을 능숙하게 생각해 내는 것이다.

» 5장 핵심 내용

◦ 창조성은 기억과 의욕의 곱셈이다.

◦ 창조란 예술과 과학에 한정되지 않는다.

◦ 인간관계 구축이나 커뮤니케이션 같은 일상의 일도 훌륭한 창조다.

◦ 창의적인 사람은 모난 사람이 아니다. 인성이 좋고 생활 속에서 실행
  방법을 찾을 수 있는 사람이다.

◦ 개성이란 주위와 협조하면서 자신의 역할을 만드는 것이다.

◦ 무엇에 시간을 할애할지를 결정하는 일은 자기 인생의 CEO가 되었다
  는 생각으로 행한다.

◦ 성공은 다른 사람에 의해 결정되는 것이 아니고 자기 인생에서 확실한
  기쁨을 느끼는 것이다.

» 창조적인 생활을 만들기 위해서는

◦ 좀 더 대담하게 놀자.

◦ 자신에게 요구를 하자.

◦ 사람과 사람을 연결하는 일과 사전 교섭을 적극적으로 하자.

◦ 어떤 일이든 플랜 B를 생각하자.

생각해 내는 힘을 기르는 방법

○
일상에서 찾는
창의성

분야를 불문하고 기억을 떠올리며 자신의 흥미를 토대로 영원히 배울 수 있는 뇌를 만들자. 현재 직업이나 다니는 학교가 있어도 과거에 하고 싶었던 일을 생각해 내고 무엇이든 조금씩 일상 속으로 끌어들일 수 있는 방법을 찾아 실행하면 뇌를 균형 있게 키워나갈 수 있다.

사실 어떤 것도 돌출되지 않은 게 참된 창조성이다. 모든 사람은 일상에서 창조성을 가질 수 있다. 창조적인 삶을 산다는 건 타인을 너그럽게 대하고 사람들 속에서 자신이 설 자리를 만드는 일이기도 하다.

내가 사랑하고 존경하는 오즈 야스지로 감독이 만든 영화들에서 노인은 전체를 조망하는 존재로 등장한다. 예컨대 〈동경이야기〉 속의 노부부는 시골에서 도쿄로 나온 자신들을 자녀들이 따뜻하게 환대하지 않아도 아무런 불평 없이 가만히 지켜본다.

도쿄에는 사람이 너무 많아서 출세하기가 쉽지 않고 의사 아들이 바빠서 시간을 내지 못한다는 걸 알기 때문에 쓸쓸해도 티 내지 않는다. 자신들 역시 젊은 시절에 겪은 경험이 있으며 세상의 역동성도 좋고 자식들의 성격도 떠올리면서 젊은 사람의 입장을 헤아릴 수 있는 것이다.

오즈 감독의 영화 속 노부부처럼, 모든 대상을 명확하게 보고 결과에 미칠 영향까지 생각해서 일을 결정할 수 있는 궁극의 존재를 알고 있으면 원숙해지는 과정에서 든든하게 의지할 수 있을 것이다.

생각해 내기는 자신의 기분에조차 구애받지 않고 여러 가능성을 생각할 수 있는 행위이며 일상에서 여유를 만들어내는 일이기도 하다. '생각해 내기가 중요한 건 알지만 기억을 떠올리는 게 쉽지 않은' 사람들을 위해서 마지막으로 생각해 내는 힘을 기르는 방법 여덟 가지를 소개한다.

○
첫째,
자기감정을 발견한다

감정을 실마리로 삼으면 기억을 쉽게 끌어
낼 수 있다. 내가 유치원에 다닐 때의 일이다. 흰 우유를 마시
는 아이는 흰색 봉투에, 커피 우유를 마시는 아이는 붉은 봉투
에 50엔을 넣어 나무 상자 안에 두면 점심시간에 우유를 가져
다준 다음 돈을 챙겨갔다.

나의 어머니는 커피 우유는 절대로 안 된다고 하시며 붉은
봉투를 주지 않으셨고 나는 항상 흰 우유를 마실 수밖에 없었
다. 그때 커피 우유를 마시던 아이들에 대한 부러움 때문인지

커피 우유를 좋아했던 마음을 나는 여전히 강렬하게 기억하고 있다.

지금도 어딘가에 가고 싶은데 나만 갈 수 없는 상황이 되면 그때와 비슷한 '부럽다'는 감정이 생겨나 커피 우유에 대한 생각이 문득 떠오른다. 감정의 유사성 때문에 기억이 연상되는 것이다.

연구실에서 나가노로 합숙을 갔을 때 무라카미 하루키가 도쿄 FM 라디오의 DJ를 시작했다고 해서 한밤중에 다 같이 라디오를 들었던 기억이 있다. 어두운 밤, 야외에서 라디오를 들을 때만 느낄 수 있는 운치가 있었다. 왠지 그리움이 마구 밀려들면서 초등학생 시절의 캠프파이어가 생각났다.

이렇게 감각이나 감정을 실마리로 기억이 소환되는 경우가 많다. 앞서 말했듯이 우리 뇌에서 감정의 중추인 '편도체'는 기억의 중추인 '해마' 옆에 있다. 이 구조를 생각했을 때 감정을 단서로 삼아 기억을 끌어내는 것은 논리적으로 옳은 방법이다.

사실상 체험은 '언제, 누구와, 무엇을 했다' 하고 모두 언어화되어 기억되기보다는 언어화되지 않은 채 감정의 질감으로 꼬리표가 달려 뇌 속에 저장된다. 그런 까닭에 어떤 감정이 생기면 그와 비슷한 감정을 느낀 과거의 일, 그 장면의 시각적 영상과 소리 등이 생생하게 되살아난다.

감정의 종류가 희, 노, 애, 락 네 가지밖에 없다는 이유로 단순하다고 생각하면 큰 착각이다. 물감에도 기본 색인 파랑, 노랑, 빨강이 있지만 파랑 한 가지만 해도 다양한 파랑이 있듯이 '기쁨'이라는 감정 안에도 무한한 감정이 있다.

감정의 미묘한 색채는 말로 다 표현할 수 없지만 그렇다고 애매한 것도 아니어서 이전의 감정과 비슷한 감정을 느끼면 '지난번의 그 감정과 유사하다!'라며 확실히 감지할 수 있다. 뇌는 미묘한 감정을 명확하게 구별하고 그것을 단서로 기억을 보존한다.

따라서 항상 언어로 표현할 수 없는 감정의 질감에 주의하자. 이런 훈련을 계속해서 반복하면 질감을 꼬리표로 삼아 지금까지 한 번도 떠올려본 적 없는, 뇌 속에 묻혀 있던 기억도 끌어낼 수 있다.

일상에서 지금 내가 어떤 감정을 느끼고 있는지를 의식하면 단순히 희로애락만 생각해 왔던 사람은 가장 먼저 자신이 이렇게 많은 종류의 감정을 가지고 있었다는 사실에 놀랄 것이다. 그렇게 자기감정이라는 팔레트 속의 물감을 늘려나가면 감정을 계기로 소환되는 기억도 다양해진다.

구체적으로 설명해 보자. 화가 나는 것과 짜증이 나는 건 다르다. 또 초조함 속에도 '생각대로 되지 않아서 싫다'라는 느낌이 있는가 하면 '조금 뒤에 즐거움을 맛볼 수 있어'라는 설렘에 가까운 감정도 있다. 이들을 모두 '초조한' 상태로 단순하게 정리하지 말고 서로 다른 감각에 세심하게 주목하자. 그렇게 새로운 감정을 많이 발견해 나가다 보면 뇌 속에서 언어화되기 전에 감정을 구분할 수 있다.

감정은 맛과 비슷하다. 맛은 언어로 표현하기 어렵지만 언어화할 수 없다고 해서 뇌가 그 맛을 모르는 건 아니다. 다시 비슷한 음식을 먹었을 때 '이 맛은 전에도 먹어본 적이 있다'라고 생각해 낼 수 있다. 또 맛도 '단맛', '신맛', '짠맛', '쓴맛', '감칠맛'이라는 기본 요소로 모두 표현할 수 있을 것 같지만 뇌가 맛을 기억할 때는 일일이 기본 요소로 해체해 기억하기보다는 전체적으로 느끼는 맛의 질감으로 떠올린다.

따라서 어떤 음식을 먹었을 때 그 맛을 계기로 '이것과 비슷한 맛을 예전에 먹은 적이 있는데, 어디서 먹었더라?' 하고 과거의 기억이 떠오른다. 언어 이전의 미세한 뉘앙스를 깨달으면 기억 역시 세심하게 끌어낼 수 있다.

○

둘째,
창피를 감수한다

앞서 자기 안에 아이에서 어른까지 모든 나이대의 사람이 존재하는 게 좋다고 이야기했다. 어린 시절의 기분을 되찾기 위해서는 완전히 초보인 분야에 도전하는 것도 하나의 요령이다. 자신의 직감이 전혀 작용하지 않는 일을 해보면, 또는 다른 사람들보다 서툰 영역에 들어가면 간단히 아이나 젊은이와 같은 상황이 된다.

내 친구이자 경영 컨설턴트인 하토 료는 심해어 낚시에 심취해 있는데 나로서는 전혀 상상이 안 가는 분야다. 대표적인 심

해어로 금눈돔은 보통 해심 200미터에서 나타나며 이들을 잡을 때는 릴을 감는 데만 30분이 걸린다. 오오사가オオサガ(심해 어종으로 정확한 한글명이 없다_옮긴이)처럼 더 아래쪽에 사는 물고기도 있는데 이들을 잡기 위해서는 낚시 줄을 내리는 데만 한 시간이 걸리기도 한다.

이런 이야기를 듣다가 나는 '가는 실이 내려가는 감각이 느껴질까?', '그렇게 바다가 깊을까?' 등의 생각을 하며 놀랐는데, 그 순간 순진한 젊은이로 돌아간 느낌이 들었다.

내가 '가장 서툰' 입장에 놓였던 경험은 친구인 시라스 신야에게 골동품 잡지에 실릴 연재 글을 의뢰받았을 때다. 그는 골동품을 전문가들만의 폐쇄적인 세계로 만드는 게 싫어 나 같은 비전문가를 작가로 발탁했다.

비전문가인 내가 골동품 세계의 사람들을 인터뷰하려니 상당히 곤란했다. 인터뷰 도중에 내가 터무니없는 말을 많이 했는지 듣는 이들이 모두 박장대소한 적도 많았다. 〈골동품에 대한 지식이 조금은 생겼을까?〉라는 글의 제목도 내가 겪은 큰 낭패와 관련이 있다.

어느 날 교토의 한 가게에서 '키세토黃瀨戶'로 보이는 골동품 도자기를 발견했다. 나는 그 물건을 구입한 다음 '직접 사보았는데 어떻습니까?' 하고 그들에게 보여주었는데, 또다시 큰 웃

음을 사고 말았다. 전문가는 한눈에 에도시대의 키세토 모조품
이라는 사실을 알 수 있었기 때문이다.

무척 부끄러웠지만 이런 감정이야말로 젊음과 이어주는 감
정이다. 골동품 전문가는 보는 눈이 아주 섬세하고 비전문가들
은 알 수 없는 영역까지 들여다본다. 그들 덕분에 이 나이에도
망신을 당할 수 있었다. 아직도 무서운 미지의 세계가 바로 옆
에 펼쳐져 있음을 배우고 겸허한 마음을 느낄 수 있었다.

비전문가와 전문가의 차이가 너무 커서 아마추어는 전혀 알
수 없는 세계에 발을 들여놓는 것도 어린아이나 젊은이로 돌아
갈 수 있는 방법이다. 아이돌을 따라다니는 일 역시 같은 의미
에서 좋을 수도 있겠다.

히비야에 있는 도쿄 다카라즈카 극장 앞을 걷고 있으면 누군
가의 팬들이 길게 줄을 이루고 있는 장면을 볼 수 있다. 도대체
뭘 하고 있는지 또 그들의 규칙은 무엇인지 나로서는 전혀 알
수 없다. 그런 세계에 들어가는 것도 재미있는 일이다. 코믹 마
켓(일본 최대의 만화, 애니메이션 행사_옮긴이)에 가보는 것도 좋
다. 그곳의 상황도 비전문가가 보면 모르는 것투성이다.

○

셋째,
뇌 속에 목록을 저장한다

　　　　　노트나 수첩, 컴퓨터 등에 오늘 해야 할 일을 모은 목록을 작성하는 사람이 있다. 하지만 이런 목록은 뇌 속에 가지고 있는 것이 좋다.

　나의 경우에 '읽어야 할 책 목록'이 머릿속에 있다. 마르셀 프루스트의 《잃어버린 시간을 찾아서》, 레프 톨스토이의 《전쟁과 평화》, 가브리엘 가르시아 마르케스의 《백년의 고독》, 윌리엄 골딩의 《파리대왕》을 아직 읽지 못했지만 언젠가는 읽어야 할 책들이라 머릿속에서 가끔 떠올린다.

못다 한 일들을 생각해 내 이따금 떠올리면 장차 기회가 왔을 때 빠르게 반응할 수 있다. 수첩 같은 외부 대상에 목록을 적어놓으면 안심하게 되어 필요한 순간에 생각해 내기가 어렵다.

더 이상 사용하지 않는 증기기관차 같은 기계를 때때로 작동해 언제든지 움직일 수 있는 상태로 만들어 보존하는 것을 '동태 보존'이라고 한다. 기억도 전두엽으로 가끔 꺼내서 동태 보존을 해두면 예컨대, 서점을 지나가다가 '아, 《파리대왕》 읽고 싶었는데'라며 그 순간에 적합한 생각이 떠올라 책을 구입해 읽을 수 있다.

뇌 속에 목록을 넣은 다음 가끔씩 상기하면 그 기억은 언제까지나 약해지지 않아서 필요할 때 쉽게 생각해 낼 수 있다. 이는 우리를 움직이게 하는 원동력이 된다. 또한 평소에 하지 못한 일들에 대해 희망 사항을 동태 보존하고 있으면 하고 싶은 일이 더 많이 생길 수도 있다.

나는 언젠가 이탈리아 북부에서 흰 송로버섯을 따고 싶다는 희망을 갖고 있다. 일본에서는 흰 송로버섯이 굉장히 귀한 대우를 받는데, 그 향은 막 채취한 것과는 비교도 안 될 것이다. 일본으로 수입해 들여오는 과정에서 시간이 꽤 지나 시들어버린 버섯을 우리는 '향이 좋다'며 감지덕지하고 있다.

나는 방금 캐낸 송로버섯을 먹어본 적이 없다. '갓 채취한 송로버섯은 어떤 느낌이 들까?'라고 생각하면서 먹어 보고 싶어 견딜 수가 없다. 먹어본 적이 없기 때문에 그 일을 뇌 속의 목록에 올리고 종종 '이탈리아 북부에 가서 흰 송로버섯을 채취해 그 자리에서 얇게 저며 올리브 오일로 파스타를 만들어 먹으면 어떤 맛이 날까?'라고 생각하며 희망 사항을 동태 보존하고 있다.

평생 이루지 못할 수도 있는 야망 역시 그저 쓸데없다고 버려두지 말고 동태 보존을 하다 보면 기회가 찾아왔을 때 바로 생각해 내 놓치지 않을 수 있다. 동태 보존을 하고 있으면 이루어질 확률이 높아진다.

○
넷째,
디지털과 거리를 둔다

긴장을 풀고 멍하게 있을 때 뇌는 쉬는 게 아니라 집중해서 일할 때와는 다른 모드로 매우 활성화된다고 앞에서 설명했다. 달리고, 걷고, 자고 또는 목욕을 하면 디폴트 모드 네트워크가 활성화되어 기억을 정리할 수 있다.

반대로 말하면, 멍하게 있는 시간을 갖지 않으면 '생각해 내기'도 가능하지 않다는 말이다. 기억이 잘 떠오르게 하기 위해서는 '디지털 거리 두기'를 하는 시간을 갖는 것도 매우 바람직하다.

나는 의식적으로 디지털과 거리를 두곤 한다. 그 방안 가운데 하나가 달리기다. 매일 10킬로미터 달리기를 목표하고 있는데, 한 시간 정도가 걸리는 일이다. 달리고 있을 때는 당연히 컴퓨터나 스마트폰을 보지 않는다.

지금은 무언가를 조사할 때도, 누군가와 사귀는 일에서도 디지털 기기를 사용하기 때문에 자칫 아침에 일어나서부터 계속 디지털 미디어를 이용하게 된다. 다만 달리기를 하는 시간만큼은 중요한 '디지털 거리 두기'를 실천할 수 있는 것이다. 만약 달리기에 약하다면 걷는 것도 괜찮다. 달리기보다는 스마트폰을 보기 쉬울 수 있지만 가능하면 스마트폰이 아닌 바깥세상을 둘러보려고 노력하면 된다.

바깥의 정취를 멍하게 바라보고 있으면 '저런 건물이 있네', '아이가 부모의 손을 잡고 걷고 있네', '할아버지가 혼자서 스트레칭을 하고 있네' 등의 생각들이 계기가 되어 '나도 예전에는 저런 건물에 살았었는데', '나도 부모님의 손에 이끌려 간 적이 있었어', '우리 할아버지도 이런 걸 했었을까?' 하고 잠자고 있던 기억이 쉽게 되살아난다.

보통은 자는 행위가 디지털과 거리를 둘 수 있는 방안이 된다. 잠자는 동안에는 컴퓨터를 볼 수 없기 때문이다. 목욕 시간도 그렇다. 디지털 기기는 물에 약하기 때문에 천천히 목욕하는 시간이 기억을 정리하는 시간이 될 것이다.

현대인은 디지털 기기를 통해 많은 정보를 수집하기 때문에 더욱 긴장을 풀고 휴식하면서 기억을 정리해야 한다. 디지털 기기에 집중하는 일도 없어서는 안 될 비타민이지만 휴식을 취하는 일도 꼭 필요한 비타민이다.

○
다섯째,
자신에게 질문한다

　　　　　스스로 질문하는 것도 생각해 내기 위한 좋은 방법이다. 현재의 일에 집착해 옛날 일이 잘 떠오르지 않거나 사람마다 생각해 내는 방법에 버릇이 생겨 고르게 생각해 내기가 어려울 수 있다. 이럴 때는 일부러 '현재 상황과 가장 다른 추억은 무엇일까?' 하고 질문을 하는 게 좋다.

　　'처음'에 관한 질문은 유용하다. '첫사랑 상대는 누구였지? 어떤 데이트를 했었지? 왜 잘 안 됐을까? 지금쯤 그 사람은 어떻게 지내고 있을까?'

'신입사원 시절 처음으로 혼자 맡아 처리한 일은 뭐였지? 클라이언트는 어떤 사람이었지? 선배에게 조언을 구했을 때 어떤 이야기를 들었지? 계약이 성사됐을 때 받은 축하 선물은 뭐였지?'

계속해서 질문을 해나가면 당시의 상황이 선명하게 떠오를 것이다. 쓰라린 추억까지 포함해 잊고 있던 소중한 것들을 고구마 줄기처럼 파낼 수 있다. 그러다 보면 자신이 가지고 있는 추억의 양이 많다는 사실에 놀랄 것이다. 이와 같이 뇌의 기억력에 한번 놀라면 생각해 내기가 즐거워진다.

만약 요즘 슬픈 감정에 사로잡혀 있다면 '인생에서 가장 기뻤던 일은 무엇인가?' 하고 스스로 질문해 보자. 매일이 순조롭다면 '인생에서 가장 안 풀린 시기는 언제였나?' 하고 질문해 보자. 그러고 나서 '그 일은 어째서 잘되었지?' 혹은 '그때는 왜 그렇게 안 풀렸지? 하고 계속해서 차근차근 물어보자. 지금은 다른 상황이기 때문에 당시와는 달리 여유롭게 바라볼 수 있을 것이다.

어떤 일이 발생한 순간에는 단순히 '이런 일이 있었다'라는 현상은 기억할 수 있지만 그 의미는 바로 알 수 없다. 어떤 일의 의미를 알기 위해서는 몇 번이고 계속해서 생각해 보는 것 말고는 방법이 없다.

'오늘 이런 일을 해버렸다, 어떻게 하지?'라고 끙끙대며 그날의 일을 반추하면서 그 자리에서 나름대로 의미를 찾아낼 수 있지만, 몇 년의 시간이 지나 되돌아볼 때 감지되는 의미는 또 다를 것이다.

○

여섯째,
맛있는 음식을 먹는다

나는 먹는 걸 매우 좋아하고 술도 자주 마신다. 퇴근 후에 마음을 터놓고 이야기할 수 있는 동료와의 식사는 한숨 돌릴 수 있는 소중한 시간이다. 무엇보다도 맛있는 음식을 먹으면 마음이 행복하다. 일하면서 실수를 했다거나 상사에게 혼이 났더라도 맛있는 음식을 먹기만 하면 그때까지 있었던 나쁜 생각이 싹 잊힌다.

'정말 맛있게 잘 먹었습니다'라고 말할 때는 이미 기분이 전환되어 '다시 힘을 내볼까?' 하고 새로운 의욕이 솟는 경험을 해보았을 것이다. 사실 행복한 기분을 느낄 때 사람은 초심을 떠올리기가 쉽다.

이 일을 시작하게 된 목적이나 계기, 이 업계에 들어온 동기, 누구를 위해 그리고 무엇을 위해 노력하고 있는지 등은 원래 일을 하는 데 중심에 있고 또 달성하려는 목표인데, 하루하루를 분주히 보내다 보면 어느새 잊어버린다.

눈앞의 일에 쫓기고 게다가 마감까지 다가와 빨리하라고 재촉을 받기라도 하면 초심을 잊는 편이 원활한 진행에 도움이 된다. 그렇지만 이런 상황이 반복되면 점차 목적을 잃는다. 원해서 시작한 일인데 계속해서 무리하다 보니 아무것도 보이지 않는 것이다. 이때 도움이 되는 것이 몸을 행복하게 해주는 일이다.

나의 대학 시절 친구인 철학자 시오타니 켄은 '시간'이라는 수수께끼를 계속 탐구해 왔다. 그 친구에게는 '시간의 수수께끼는 아무리 생각해도 풀리지 않는다. 더 이상은 계속할 수 없다'라며 심리적으로 침체된 시기가 있었다. 아무리 다양한 말로 격려를 해도 전혀 회복되지 않아 걱정이었는데, 교토에 가서 맛있는 튀김을 먹더니 완전히 기운을 차리고 돌아왔다.

맛있는 음식을 먹었을 때와 같이 행복한 기분을 느낄 때 잊고 있던 중요한 일들이 자기 안에서 문득 되살아난다. 머리로 아무리 노력해도 안 될 때는 몸을 건강하게 해주는 게 좋다. 신체적으로 여유가 생기면 '네가 하고 싶었던 건 이러저러한 것 아니야?', '슬슬 해도 되지 않겠어?', '무언가 중요한 걸 잊어버리지 않았어?' 하고 무의식의 편지를 쉽게 받아볼 수 있다.

맛있는 음식이 꼭 고급스러울 필요는 없다. 자신에게 맛있으면 모든 음식이 진수성찬이다. 나는 소고기 덮밥과 서서 먹는 메밀국수를 자주 먹는데, 이들은 내게 어떤 음식보다도 훌륭한 음식이다. 덮밥이나 튀김 국수에 날달걀을 얹어 먹을 때는 말로 다 할 수 없는 행복한 기분을 느낀다. 그리고 다 먹고 나면 '다시 힘을 내자!'라는 생각이 솟구친다.

맛있는 음식을 먹는 행위는 사람을 행복하게 만든다. 그 행복이 소중한 걸 생각나게 하고 계속할 수 있는 힘을 준다.

○
일곱째,
다른 세대와 소통한다

나는 강연회에서 '잠깐 올라오겠나?'라며 젊은 사람을 무대로 부를 때가 있다. 상대는 초등학생이거나 중고생 혹은 대학생일 때도 있는데 '지금 어떤 게 유행하나?', '무얼 하며 놀지?', '어떤 만화를 읽고 있나?' 하고 상대의 관심사를 묻곤 한다.

그들은 종종 내가 전혀 모르는 애니메이션의 제목을 가르쳐주기도 하는데, 나는 애니메이션에 대해 전혀 알지 못한다. 반면에 강연회에 참석한 아이들은 대부분 '아하, 그거!' 하고 고

개를 끄덕이며 놀라는 나를 보고 키득거린다.

내가 알고 있는 것과 그들이 아는 것은 전혀 다르다. 나는 클래식 음악에는 조예가 깊은 편이지만 최근의 애니메이션에 관해서는 하나도 모른다. 열정을 불태우는 그들의 이야기를 들으면 너무 심오해서 눈이 휘둥그레질 정도다. 무엇보다 지금 해외에서 일본이 영향력을 발휘하는 분야가 그들이 압도적으로 사랑하는 애니메이션이라는 점이 더욱 놀랍다.

기억의 저장량을 늘린다는 점에서, 또 자기 안에 모든 나이대의 사람을 살게 만든다는 점에서 나에게는 젊은 사람들에게서 배우는 일이 확실히 힘이 된다. 반면에 젊은 사람은 나이 든 사람의 이야기를 기억으로 저장할 수 있고, 그 기억은 미래의 면역력으로 작용할 것이다. 다른 세대의 사람과 관계를 맺는 일은 긴장되는 일일 수 있다. 하지만 그런 긴장감이 있다는 자체가 곧 서로 배울 점이 있다는 의미다.

○
여덟째,
세렌디피티를 발견한다

취업 시즌이 되면 강연이 끝난 뒤에 취업으로 고민하는 대학생이 '어떻게 하면 좋을까요?' 하고 걱정 가득한 표정으로 말을 걸어올 때가 많다.

부모에게서 '대기업에 취직해라'라는 말을 듣고 친구들도 당연하다는 듯이 '유명 기업'을 목표하는 바람에 무심코 분위기에 휩쓸려 구직 활동을 하고는 있지만 정작 무엇을 하고 싶은지, 심지어는 취업을 해야 하는지도 잘 모르겠다는 말이다.

이런 고민을 하는 학생이 상상 이상으로 많다. 대체로 대학원 수료가 얼마 남지 않은 상황에 처해 있는 그들을 보면 취직할 곳이 정해지지 않았던 예전의 나 자신이 떠오른다. 과거의 나는 취업을 할지, 그대로 대학에 남을지 좀처럼 결정을 내리지 못한 채 한 치 앞도 예상할 수 없었던 젊은이였다.

그런 청춘들과 과거의 나에게 '세렌디피티serendipity'를 깨달으라고 조언하고 싶다. 세렌디피티란 우연히 찾아오는 행운을 말한다. '그때 ○○했기 때문에 지금의 내가 있다', '그때 ○○ 씨를 만났기 때문에 지금 이렇게 하고 있다'와 같이 인생을 크게 바꾸는 사건은 의외로 우연히 찾아온다. 그것을 깨닫는 힘이 필요하다.

인생의 터닝 포인트가 된 일들을 되돌아보자. 실제로 마주했을 때는 '바로 이거야!'라고 이해하지 못하기 때문에 그냥 지나치거나 나중에 '아, 그것이었어!'라고 깨닫는 경우가 많다. 따라서 과거에 있었던 터닝 포인트를 하나하나 짚어보는 일이 필요하다.

내가 뇌과학자가 된 것도 세렌디피티 덕분이다. 대학원 수료가 임박했는데도 취업할 곳이 정해지지 않은 나를 보다 못한 와카바야시 다케유키 선생이 '이화학연구소에서 사람을 모집하고 있네'라고 알려주셨다. 와카바야시 선생께 뇌과학의 권위자인 이토 마사오 선생을 소개받고 이화학연구소에서 뇌과학

연구를 하게 된 것이 뇌과학자로서의 시작이었다.

많은 사람이 내가 처음부터 뇌과학을 연구했다고 생각하는데 사실은 다르다. 만약 당시에 이화학연구소에서 연구자를 모집하지 않았다면 지금쯤 내가 무엇을 하고 있을지 알 수 없다. 과학 분야에 몸을 담고는 있겠지만 전혀 다른 연구 주제를 택했을지도 모른다. 앞에서 내가 '뇌과학자인 것은 가설'이라고 말한 것에는 이런 배경도 있다.

많은 사람이 의외로 자신의 인생에 있었던 세렌디피티가 무엇인지 잘 모른다. 자신의 세렌디피티를 찾아보는 일이 생각해내는 힘을 기르는 데 가장 큰 자양분이 될 것이다.

지금의 사업 파트너와 만날 수 있었던 계기는 무엇이었나? 모 기업의 설명회에 갔기 때문이었다면 그 회사를 선택한 이유는 무엇이었나? 만약 미팅이었다고 해도 파트너가 그 미팅에 참가한 건 오기로 했던 사람이 참가할 수 없게 되면서 급하게 호출되었기 때문일 수 있다.

행운의 원인을 찾다 보면 수많은 우연이 겹쳐져 있다는 사실을 알 수 있다. 당시에는 불운하다고 느꼈던 게 긴 안목에서 보면 큰 세렌디피티의 계기일 수도 있다.

지금까지 기억의 구조를 여러 측면에서 설명했는데 마지막으로 '무엇과 무엇이 연결될지 알 수 없다'는 게 뇌의 기본 성질임을 말하고 싶다. 우리가 어디에 도달할지는 다양한 요소가 합쳐지는 기술을 통해 결정된다. 우리가 할 수 있는 일은 기껏해야 가고 싶은 곳에 도달할 확률을 높이는 정도다. 그저 맡은 일을 무엇 하나 소홀히 하지 않고 즐겁게 해내고, 하고 싶었던 일과 하지 못했던 일을 계속해서 생각하며 평소에 동태 보존을 해두자.

지금까지 얻은 행운의 계기를 되돌아보는 일이 세렌디피티를 깨닫는 데 도움이 된다. 그리고 기억을 떠올리며 세렌디피티를 깨닫는 힘을 기르면, 도달할 수 있을 거라고는 상상도 못한 감탄할 만한 곳에 이를 수 있을 것이다.

세렌디피티를 발견하려는 시도는 삶을 장대하게 검증하는 역사 미스터리다. 자기 인생의 역사학자로서 세렌디피티를 펼쳐보는 일은 재미있으며, 반드시 어떤 발견이 이루어질 것이고, 검증할 때마다 새로운 사실이 떠오를 수도 있다. 당신의 인생에는 어떤 세렌디피티가 있을까? 자신의 인생을 탐험해 보기를 권한다.

» 6장 핵심 내용

○ 생각해 내기는 일상에 여유를 만드는 일이다.

○ 해야 할 일을 노트에 적거나 컴퓨터에 입력하지 않고 뇌 속에 저장
  한다.

○ 달리기, 걷기, 수면, 입욕 등은 디폴트 모드 네트워크를 활성화한다.

○ 처음 해보는 일이나 현실과 정반대되는 일에 관해 스스로 질문하면 생
  각이 쉽게 떠오른다.

○ 세렌디피티는 생각해 내는 힘의 가장 큰 자양분이다.

○ 무엇이 무엇으로 이어질지 모르는 게 뇌의 기본 성질이다.

» 일상에서 생각해 내는 힘을 기르기 위해서는

○ 자기감정을 발견한다.

○ 창피를 감수한다.

○ 뇌 속에 목록을 저장한다.

○ 디지털과 거리를 둔다.

○ 자신에게 질문한다.

○ 맛있는 음식을 먹는다.

○ 다른 세대와 소통한다.

○ 세렌디피티를 발견한다.

○

마치는 글

      앞에서도 말했지만 나는 《논어》에 나오는 공
자의 말씀을 매우 좋아한다.

"공자 왈, 나는 열다섯 살에 학문에 뜻을 두었고 서른에는 우
뚝 섰으며 마흔에는 미혹됨이 없었고 쉰에는 하늘의 뜻을 알았
으며 예순에는 귀가 순해졌고 일흔에는 마음이 원하는 바를 따
라도 법도에 어긋남이 없었다."

  특히 마지막 문장이 매우 흥미롭다. 일흔 살에는 마음대로
살아도 인간의 도리에서 벗어나지 않았다는 건 대체 무슨 뜻일

까? 마음먹은 대로 살면서 그 누구에게도 폐를 끼치지 않는 일이 가능할까? 어떻게 하면 모순되어 보이는 두 양상이 양립할 수 있을까? 어째서 나이를 먹으면 그렇게 될 수 있을까? 나는 살아오는 동안 계속해서 이런 의문들을 생각해 왔다.

나는 결국 '생각해 내기'가 가장 큰 비결이라는 결론에 이르렀다. 나이가 들수록 많은 경험이 쌓인다. 그런 경험들을 기회가 있을 때마다 하나하나 거듭해서 생각해 내고 반성해 나가면 세상을 있는 그대로 볼 수 있으며 원숙해진다.

생각해 내는 힘이 있으면 상냥해질 수도 있는데, 이를 통해 풍부한 인간관계를 구축할 수 있다. 나아가 생각해 내기는 창조와 매우 비슷해 생각해 내기를 거듭할수록 창의적인 사람이 될 수 있다. 무의식이 내는 소리를 잘 들으면 자신의 욕망을 실현하는 방법을 찾을 수 있을 것이다. 나는 이런 장점 때문에 나이를 먹는 일이 매우 즐거워졌다.

젊은이들에게 강조하고 싶다. 창조적이 되려면 까칠하고 다른 사람들과 적대적이 되어야 한다는 건 거짓말이다. 개성을 발휘한다는 건 주변 사람들 속에서 자기 자리를 만들어가는 일이다. 또한 특별한 재능이나 기술이 없으면 창조적이지 못하다는 것 역시 거짓말이다. 이 책에서 말해온 원숙이라는 이미지를 긴장을 풀고 자기다움을 발견해 인생을 즐겁게 살아가는 데 필요한 필살기로 삼았으면 좋겠다.

반대로 연장자들에게는 의욕이 넘치고 주변과 쉽게 부딪쳤던 젊은 시절을 자주 떠올리라고 말하고 싶다. 다양한 세대의 사람과 관계를 유지하면 언제까지나 흥미를 잃지 않고 창조적인 생활을 할 수 있다.

창의성을 높이는 행동

- 더 이상 타인과 자신을 나이와 사회적 지위로 속박하지 말자.
- 인생의 '과제'를 찾아내 하나하나 즐겁게 도전해 나가자.
- 앞으로 10년 동안을 0~10살 아이와 같은 정도의 에너지로 살자.
- 지금까지 만들어온 규칙을 깨보자.
- 발상이 막히면 더 이상 생각하지 말고 일찍 잠자리에 들자.
- 과거의 안 좋았던 일은 새로운 의미를 만들어 타협하자.
- 적극적으로 몸을 움직이자.
- 사람이나 물건 이름이 생각나지 않을 때는 인내심을 가지고 생각해 보자.
- 교과서나 선생님을 찾지 말고 혼자 습득해 보자.
- IT나 AI 등의 최신 기술을 적극적으로 활용해 하고 싶은 일을 계속해서 해나가자.
- 중요한 대상을 만나면 재빠르게 포착하자.

- 하루에 하나만이라도 좋으니 새로운 도전을 해보자.

- 과거에 포기한 일을 다시 해보자.

- 하고 싶지 않은 일을 할 때는 교환 조건을 내걸고 해보자.

- 어린 시절에 소중히 다루었던 대상을 알아보자.

- 멍하게 있는 시간을 갖자.

- 좀 더 대담하게 놀자.

- 스스로 무리를 해보자.

- 적극적으로 사람과 사람을 연결하거나 사전 교섭을 하자.

- 어떤 일이든 플랜 B를 생각하자.

생각해 내기는 단순히 잃어버린 기억을 되찾는다는 의미가 아니다. 생각해 내기는 자신의 인생을 개발하고 더 나은 미래를 만드는 힘이 될 것이다. 이 힘은 제2의 르네상스인 현대에서 왕성하게 활동할 때 없어서는 안 될 요소다.

변화가 심한 시대에 살고 있는 현대인에게는 더욱 생각해 내는 시간이 필요하다. 외부의 정보만을 뒤쫓지 말고 자기 안에 있는 기억이라는 거대한 도서관에서 보물을 발굴해 보자. 앞으로 인생을 어떻게 살아야 할지를 안내해 주는 지침은 당신 안에 있다. 생각해 낼 수 있다면 무엇이든 괜찮다. 사건은 변하지 않지만 의미는 바꾸어갈 수 있다.

생각해 내는 힘이 우리를 어디로 이끌지는 알 수 없지만 분명 그곳에는 상상할 수 없는 극적인 전개가 기다리고 있을 것이다. 설레지 않는가? 생각해 내기는 향수가 아니라 미래를 열어가는 힘이다.

마지막으로 이 메시지를 전하면서 책을 마무리한다. 언제나 당신의 행운을 기원한다.

생각하는 인간은 기억하지 않는다
창의적인 삶을 만드는 뇌과학자의 생각법

1판 1쇄 발행 2020년 10월 22일
1판 4쇄 발행 2023년 12월 13일

지은이 모기 겐이치로
옮긴이 이진원
펴낸이 김성구

책임편집 고혁 김초록
콘텐츠본부 조은아 이은주 김지용
디자인 이영민
마케팅부 송영우 어찬 김지희 김하은
관리 김지원 안웅기

펴낸곳 (주)샘터사
등록 2001년 10월 15일 제1-2923호
주소 서울시 종로구 창경궁로35길 26 2층 (03076)
전화 1877-8941 | 팩스 02-3672-1873
이메일 book@isamtoh.com | 홈페이지 www.isamtoh.com

ISBN 978-89-464-2170-7 03180